中南民族大学法学文库

中央规制地方财政的工具选择与法律配置研究

顾德瑞 ◎ 著

中国社会科学出版社

图书在版编目(CIP)数据

中央规制地方财政的工具选择与法律配置研究/顾德瑞著. —北京：中国社会科学出版社，2020.5

(中南民族大学法学文库)

ISBN 978-7-5203-6215-3

Ⅰ.①中⋯ Ⅱ.①顾⋯ Ⅲ.①中央与地方的关系—地方财政—财政管理—研究—中国 Ⅳ.①F123.14②F812.7

中国版本图书馆 CIP 数据核字(2020)第 055006 号

出 版 人	赵剑英
责任编辑	任 明
责任校对	郝阳洋
责任印制	郝美娜

出　　版	中国社会科学出版社
社　　址	北京鼓楼西大街甲 158 号
邮　　编	100720
网　　址	http://www.csspw.cn
发 行 部	010-84083685
门 市 部	010-84029450
经　　销	新华书店及其他书店

印刷装订	北京君升印刷有限公司
版　　次	2020 年 5 月第 1 版
印　　次	2020 年 5 月第 1 次印刷

开　　本	710×1000　1/16
印　　张	11
插　　页	2
字　　数	160 千字
定　　价	75.00 元

凡购买中国社会科学出版社图书，如有质量问题请与本社营销中心联系调换
电话：010-84083683
版权所有　侵权必究

前　　言

当前，地方政府滥用、乱用财政权力和浪费财政资金的现象比较普遍，地方财政治理能力严重不足，"土地财政"和"地方债台高筑"以及非税收入无序扩张等问题明显。与此同时，基本公共服务均等化正全面铺开，2020年总体实现基本公共服务均等化的目标已经设定。从党的十八大开始一直到党的十九大，基本公共服务均等化都是重要议题，《国民经济和社会发展第十三个五年规划纲要》也要求"围绕标准化、均等化、法制化，加快健全国家基本公共服务制度，完善基本公共服务体系"。党的十九大报告更是明确提出，要加快建立现代财政制度，建立权责清晰的中央与地方财政关系，推进国家治理体系和治理能力的现代化。然而，就我国目前状况而言，各地经济和社会发展水平，尤其是财政能力差异较大，公共服务水平相差甚巨。而且，在我国财政实践中，存在"一放就乱、一乱就收、一收就死"这一长期困扰我国的顽疾和地方各自为政的可能。再者，国际环境复杂多变，国家面临的各种挑战日益增多。

这些问题的解决都有赖于中央对地方财政的有效规制，而中央有效规制的实现须仰仗规制工具的合理选择和有效配置。但是，当前中央规制工具的配置并不能完成中央有效规制的任务，呈现如下图景：过于倚重命令——控制型工具的运用，强制性手段过多，导致地方政府一系列"上有政策、下有对策"的策略行为，地方政府的遵从度过低；采用的这些工具欠缺财政属性，与普通行政事务"一体对待"，更没有针对地方政府不同财政行为做出调整，中央规制的目的并未得到真正实现，纳税人权益的保障不足，很难起到良好效果；甚至以不同形式排斥了不同规制工具的组合运用，使工具之间的互动被人为阻断，不利于形成整体效果；地方财政信息平台等辅助设施建设不足，导致财政信息碎片化等问题，影响规制工具效果的发挥。

针对当前中央规制工具配置的情况，需要结合影响工具配置的政治、经济和社会等因素，对中央规制工具进行合理选择和有效配置。首先，要解决规制工具配置的基本问题，树立以纳税人为中心的理念，保障纳税人的权益、实现纳税人的基本权利，以全面、适时、适度为原则，从总体上指导规制工具的设计。与此同时，对中央规制进行法治化改造，使工具的配置在法治道路上运行。并且为不同规制主体配备合适的规制工具，使其各司其职。其次，对规制工具进行筛选，在充分考虑功能优势和适用范围的情况下，尽量选择对地方财政干预较小的手段，并组合各规制工具，形成完整的中央规制体系。同时，还需通过技术手段整合财政信息，对地方财政运营有一个整体了解，及时发现问题、有效解决问题。总体上，形成以引导激励与协商合作等非强制性手段为主，强制手段为辅助，技术手段为支撑，财政法律责任为保障的完整中央规制体系。在规制工具的选择和配置中，要善用各类规制工具的优势，并对其优化组合。再次，须将中央规制维持在适度干预状态，通过谦抑性保持中央干预的限度；以地方政府的财政违法行为和央地财政权限不当作为中央介入的核心场域，界定中央规制的范围；将中央干预定位为补充性规制，防止中央政府越俎代庖，尊重地方政府在财政治理中的地位；以比例原则作为关键标尺，保障中央规制以合理的限度展开，中央规制与地方自我规制相配合。最后，对中央规制工具配置的情况进行评估，以评估为依据，适时调整中央规制工具，并通过"财税试点"等方式实现对规制工具配置失效的控制。

目　　录

第一章　中央规制地方财政的法理与工具 ……………………（1）
　第一节　中央规制地方财政的法理基础 …………………………（1）
　　一　中央规制的逻辑起点：地方财政行为异化 …………………（2）
　　二　中央规制的核心意涵：以权力制约权力 ……………………（11）
　　三　中央规制的根本目的：保障纳税人权益 ……………………（16）
　第二节　中央规制地方财政的文本实践 …………………………（17）
　　一　宪法文本中的"中央规制" …………………………………（18）
　　二　法律法规中的"中央规制" …………………………………（18）
　　三　规范性文件中的"中央规制" ………………………………（20）
　　四　党内法规中的"中央规制" …………………………………（21）
　第三节　中央规制地方财政的"工具箱" …………………………（23）
　　一　规制工具的类型化 ……………………………………………（23）
　　二　命令—控制型工具 ……………………………………………（24）
　　三　激励型工具 ……………………………………………………（52）
　　四　公众参与型工具 ………………………………………………（55）
　　五　自愿行动型工具 ………………………………………………（58）
　　六　信息型工具 ……………………………………………………（62）

第二章　现行中央规制工具配置的检讨与反思 ………………（65）
　　一　工具的类型和性能使用不足 …………………………………（65）
　　二　工具的财政属性欠缺 …………………………………………（67）

三　工具的组合运用考虑不周 …………………………………… (68)
　　四　工具的具体财政行为差异缺失 …………………………… (70)
　　五　工具的辅助设施建设不足 ………………………………… (71)

第三章　中央规制工具配置的影响因素 ………………………… (72)
第一节　中央规制的目的 ………………………………………… (72)
第二节　规制工具的实施环境 …………………………………… (74)
　　一　央地财政分权模式 ………………………………………… (74)
　　二　本国财政治理状况和国际环境 …………………………… (76)
　　三　民主程度 …………………………………………………… (77)
　　四　地理环境 …………………………………………………… (78)
　　五　历史和文化传统 …………………………………………… (79)
第三节　地方财政行为的类型 …………………………………… (80)
　　一　地方收入行为 ……………………………………………… (80)
　　二　地方支出行为 ……………………………………………… (89)
　　三　地方营运管理行为 ………………………………………… (92)

第四章　中央规制工具的法律配置 ……………………………… (95)
第一节　中央规制工具配置的基本问题 ………………………… (95)
　　一　规制工具配置的理念 ……………………………………… (96)
　　二　规制工具配置的原则 ……………………………………… (96)
　　三　规制工具配置的法治改造 ………………………………… (98)
　　四　规制工具和主体的匹配 …………………………………… (102)
第二节　同等对待各类工具 ……………………………………… (107)
第三节　规制工具的组合配置 …………………………………… (109)
　　一　不同类工具的组合运用 …………………………………… (109)
　　二　同类工具的搭配使用 ……………………………………… (110)
　　三　信息型工具的整合 ………………………………………… (114)
第四节　中央规制与地方自我规制的配合 ……………………… (116)
　　一　中央规制的根本前提：非均衡状态 ……………………… (117)

二　中央干预限度的探究：以谦抑性为分析工具 …………… (138)
　三　中央介入的核心场域：权限不当和行为违法 …………… (142)
　四　中央干预的基本定位：补充性规制 ……………………… (143)
　五　适度规制的关键标尺：比例原则 ………………………… (146)
　六　中央规制的程序控制 ……………………………………… (149)

第五章　中央规制工具配置的效果评估和失效控制 …………… (154)
　一　效果评估的目的 …………………………………………… (154)
　二　效果评估的主体 …………………………………………… (155)
　三　效果评估的指标 …………………………………………… (156)
　四　效果评估的程序 …………………………………………… (156)
　五　工具配置失效的控制 ……………………………………… (158)

第一章

中央规制地方财政的法理与工具

当前，地方政府存在滥用、乱用财政权力和浪费财政资金等问题，制度规避、制度套利、策略行为、不当的税收竞争、乱收、滥支和争利等财政乱象层出不穷。这些地方财政异化行为是中央规制开展的逻辑起点，从法理上证成了中央规制的正当性。这种理论上的正当，只有得到了宪法等法律文本的支撑，才能在实践中有效运行。我国《宪法》第3条关于中央统一领导的规定，使得中央规制具有了坚实的法律基础。通过观测涉及中央规制的法律文本和实践，探寻可供选择的各种工具，根据功能的不同，分为命令—控制型工具、激励型工具、公众参与型工具、自愿行动型工具和信息型工具等，组成了中央规制的"工具箱"。每一类有着不同的作用机理、适用范围和运行准则，需要发挥各自的优势，慎重选择。

第一节 中央规制地方财政的法理基础

地方财政行为异化是中央规制开展的逻辑起点。中央规制意在解决地方政府滥用、乱用财政权力和浪费财政资金等问题，防止其制度规避、制度套利、策略行为、不当的税收竞争、乱收、滥支和争利等，有效保障纳税人的各项权利，并将此作为中央规制的根本目的。从本质上讲，中央规制是以中央之权力制衡地方的财政权力，是权力制约的重要一环，其主要从两个层面展开，权力分工视角借助财政权限调整和权力制衡层面依靠对财政行为的规制，实现对地方财政有效约束。

一 中央规制的逻辑起点：地方财政行为异化

公共性是财政的本质属性，地方政府的财政行为必须服膺这一属性，一旦脱离，必将产生异化现象。行为的异化将损害纳税人的整体和根本利益，不利于纳税人基本权利的实现。"异化"这一概念源远流长，最早可以追溯到古希腊柏拉图的《理想国》。这一概念基本的含义是背离、疏远和对立。① 地方财政行为异化是指地方财政行为背离公共财政目的，不能为纳税人的根本利益服务，妨害纳税人权利的保护与实现。② 地方政府对于某种财政行为的取舍及行为力度最终取决于该行为带来的中央满意度、微观主体（企业和公民）和地方自身在地方财政目标中的权重。③ 异化行为谋取的是地方利益或地方官员的个人利益，损害纳税人的整体利益。

当前，地方政府滥用、乱用财政权力和浪费财政资金的现象普遍存在，地方财政治理能力严重不足，"土地财政"和"地方债台高筑"以及非税收入无序扩张等问题明显。这些现象有着不同的表现形式，大致可从地方政府与中央政府、与其他地方政府、与纳税人三个角度进行分析。与中央政府之间，主要是制度规避、制度套利和策略行为；与其他地方政府的问题主要集中于不当的税收竞争；对于纳税人，地方政府违法和违背公益的行为主要表现为乱收、滥支和争利。

（一）制度规避、制度套利和策略行为

对于制度规避，以税收优惠和地方债为例。在中央明令禁止有关税收优惠以后，地方政府则通过变相税收优惠方式达到其目的；在中央严控地方债的情况下，地方政府则借助融资平台等变相发债，甚至违规进行。"由于地方政府往往处于入不敷出的状态，所以，虽然规则明确禁止胡乱举债，但变相举债的'潜规则'成为了现实中的常见现象。同时

---

① 参见韩蕊《"异化"着的"异化"：从神学概念到哲学理论——马克思之前"异化"嬗变之耙梳》，《学术论坛》2016年第9期。
② 参见张维新《公共权力异化及其治理》，《政治学研究》2011年第2期。
③ 参见邱作文《地方财政行为异化问题研究》，《经济论坛》2009年第9期。

道德风险问题也很突出,一些地方政府甚至形成了只管借不管还的借债型发展观,进行竭泽而渔的短期行为,把问题留给后任政府,或者抛给中央政府去解决,造成隐性的债务风险不断积攒。"① "抽查发现,至2015年年底,浙江、四川、山东和河南4个省通过违规担保、集资或承诺还款等方式,举债余额为153.5亿元。有的地方出现一些隐性债务,内蒙古、山东、湖南和河南4个省在委托代建项目中,约定以政府购买服务名义支付建设资金,涉及融资175.65亿元;浙江、河南、湖南和黑龙江4个省在基础设施建设筹集的235.94亿元资金中,不同程度存在政府对社会资本兜底回购、固化收益等承诺。"② 与此同时,在地方债防范上,"有16省未按要求对困难较大的市县制定风险应急预案;32个地区上报的债务数据存在漏报、多报等情况;11个地区有170.78亿元存量隐性债务没有制定化解措施,有些地区制定的债务化解方案缺乏可行性;35个地区有290.4亿元债务资金因筹集与项目进度不衔接等原因闲置,其中22个地区114.26亿元超过1年"③。其实,无论是财政分权所造成地方政府"天然型财力缺口"还是政治集权所造成的地方政府"竞争型财力缺口",都会使地方政府承受巨大的财政压力。为应对财政压力,地方政府不得不突破预算限制从现有财政体制外寻求非正式财力的增收。④ "而地方政府除了通过土地征用和出让来获得大量的土地出让收入外,随着2008年年末经济刺激计划实行后大量地方政府融资平台的出现,融资平台通过银行贷款或者发行城投债的方式大规模融资

---

① 刘波:《多管齐下,改变地方政府隐性债务的形成机制 关键是建立权责清晰的央地财政关系》,《21世纪经济报道》2018年8月6日第003版。

② 参见审计署审计长刘家义2016年6月29日在第十二届全国人民代表大会常务委员会第二十一次会议上所作的《国务院关于2015年度中央预算执行和其他财政收支的审计工作报告》。

③ 参见审计署审计长胡泽君2019年6月26日在第十三届全国人民代表大会常务委员会第十一次会议上所作的《国务院关于2018年度中央预算执行和其他财政收支的审计工作报告》。

④ 参见洪源、杨司键、李礼《21世纪以来地方政府投融资行为是否导致了城镇化"地与人"非协调发展?》,《中国软科学》2017年第5期。

举债,由此也导致地方政府债务规模大幅攀升。显然,分权体制所转化形成的巨大财政压力有可能会使得地方政府在大量举债过程中忽视发债成本问题,由此产生地方政府债务举借风险,同时,某地区地方政府财政压力越大,未来用来偿还到期债务的财力也就越有限,由此会使该地区地方政府面临更大的债务偿还风险。"①

在套利方面,地方政府以骗取、挪用、挤占和扩大中央财政资金使用范围等方式进行。对于地方政府而言,中央财政就是公共资源池或公共财产地方政府仅仅需要支付很小一部分成本就可以花费来自中央预算的高额财政资金。但其辖区可以享受到该支出带来的所有利益。所以各地方政府采取各种措施积极争取中央政府的财政资金为自己所用。② 在这一过程中,地方政府甚至不惜采用谎报实际情况等不当或违法手段。除争取中央财政资金外,还有中央政策倾斜、贫困县评定等附带有财政利益的事项。地方政府通过公关、游说等手段使本地区可以能够获得更多的资源。以专项财政资金的使用为例,地方政府为了跑项目支付的成本占到专项资金的30%—40%,有些地方甚至能达到50%;③ 为"跑部钱进",省级政府、市级政府甚至县级政府都纷纷在北京设立办事处,直至2010年才被明令取消,但暗中存在者仍然不少。④ 而且骗取、挪用、挤占、扩大其使用范围的情况大量存在。如,2016年12月财政部发布了《防治大气污染必须堵住资金流失漏洞——关于中央大气污染防治专项资金检查典型案例的通报》,其中安徽省谯城区等10个县(区)扩大开支范围,2014—2015年在用于秸秆禁烧的专项资金中列支人员

---

① 洪源、张玉灶、王群群:《财政压力、转移支付与地方政府债务风险——基于央地财政关系的视角》,《中国软科学》2018年第9期。

② See Daniel Treisman, *The Architecture of Government: Rethinking Political Decentralization*, Cambridge: Cambridge University Press, 2007, p. 106.

③ 杜涛:《专项转移支付难压缩地方"跑部钱进"成本达50%》(http://www.eeo.com.cn/2013/0330/242036.shtml);财政部:《转移支付预算表》(http://yss.mof.gov.cn/2016czys/201603/t2016329_1928955.html)。

④ 《国务院官员:驻京办被取消后变相驻留将被追责》(http://news.sina.com.cn/c/2010-01-30/103419580602.shtml)。

经费及单位奖励、工作经费等保障类经费 21900 万元。同时，谯城区等 8 个县（区）将 257.11 万元专项资金挪用于与秸秆禁烧无关的办公楼维修、招待、新打机井、购买变压器等其他事项。

除了运用不当手段获取外，像转移支付收入这种公共池（common pool）资源，会弱化地方政府的预算约束，割裂地方政府支出的成本—收益联系（即地方政府支出成本可通过转移支付这一公共池渠道转嫁给中央和其他辖区政府）。因此，当地方政府更依赖于转移支付时，将会刺激地方政府降低税收努力和自有财政收入水平、扩张支出规模，从而将更多的支出成本转嫁出去。同时，转移支付增加也会强化地方政府对上级政府就其收支行为进而财政状况进行"兜底"的预期，这将进一步刺激地方政府的道德风险和成本转嫁行为，从而对地方政府财政自给能力产生不利影响。但就中国现实来看，由于追求地区经济增长以获取更大的晋升机会构成了地方政府的核心利益，且分税制改革以来地方政府对转移支付的依赖性较高，故地方政府规避自有财政收入增加及其对地区经济增长的不利影响、而借助转移支付进行成本转嫁的动机更为强烈。因此，在中国特定的制度背景下，转移支付增加对地方政府的税收努力进而财政收入的抑制作用，以及对地方政府支出的扩张性影响将更为突出，从而不利于地方政府财政自给能力的提升。[①]

另外，地方政府在执行中央政策过程中，根据自身利益的需求，对中央政策进行推诿、附加、扩大或限制，"上有政策，下有对策"。在中央规定的框架体系内地方政府因地制宜地采取各种财政政策，具有正当性。但超出了框架体系，以损害中央利益和纳税人利益为代价，则是违法或违背公益的行为。"新中国成立以来，财政体制中'上有政策、下有对策'的现象及问题一直困扰着理论界与实务界，由此造成的危害，只是在计划经济时期地方利益主体意识尚未凸显的情况下较为缓和。改革开放以来，随着地方利益主体意识的觉醒与膨胀，使得'上有政策、下有对策'的现象频繁发生，并屡禁不止、日渐升温，由此造成的效率

[①] 参见刘勇政、贾俊雪、丁思莹《地方财政治理：授人予鱼还是授人以渔——基于省直管县财政体制改革研究》，《中国社会科学》2019 年第 7 期。

低下、资源浪费等问题越来越严重"①。

(二) 不当税收竞争

税收竞争的形式主要包括税收优惠、财政补贴等地方性的税费减免、放松税收征管力度、减免土地出让金等。② 竞争能产生效率,合理合法的税收竞争应当鼓励。但地方政府的过度竞争像市场里企业间的价格战,导致两败俱伤的结果,比如税收政策优惠的竞争可能导致政府得不到应有的财政收入。这是一种"扑向底层的竞争"(the race to bottom),还会导致地方资源使用的低效率。这种税收政策优惠竞争还往往会突破中央政府规定的底线,结果侵蚀了中央的权力,是一种逃避或欺骗上级的竞争 (race to escape or defraud the top)。③ "这个阶段横向府际关系趋于失衡,地方政府专注于相互竞争,尽管促进了地方经济的发展,但是由于忽视相互间的合作,导致恶性竞争。地方间的恶性竞争还表现为产业结构的雷同、港口和机场等基础设施重复建设、恶性的招商优惠政策竞争、'倾销式'的土地价格大战等,这些形式的地方竞争使各方陷入了'零和博弈'。"④ 一些地方政府为了保障本地区的税源,人为设置各种障碍阻止企业迁出,通过不正当的手段吸引其他地区的企业迁入等,如法外税收优惠、违规补贴、放松征管等。更有甚者,虚构一些优惠条件欺骗企业落户本地,待企业落户后并不切实兑现相关优惠。这些不正当手段阻碍了资源的自由流通,损害了其他地方政府的税收利益,影响了纳税人正常的生产经营活动。例如,2006 年湖北省汉川市政府以红头文件的形式给市直机关和各乡镇农场下达喝酒任务的新闻,在当时就引起了全国舆论的一片哗然。其目的就在于为当地政府的纳税大户湖北云峰酒业公司提供地方保护。省级以下地方政府的税收竞争尤

---

① 孙德超:《财政体制的政治分析》,社会科学文献出版社 2012 年版,第 187—188 页。
② 参见刘洁《中国地方政府税收竞争机理及效应研究》,经济科学出版社 2014 年版,第 39 页。
③ Cai Honbin and Daniel Treisman, "State Corroding Federlism: Interjutisdistional Competition and the Weaking of Central Authorty", *Journal of Public Econmomics*, Vol. 88, No. 3, March 2004.
④ 杨龙:《府际关系调整在国家治理体系中的作用》,《南开学报》(哲学社会科学版) 2015 年第 6 期。

为激烈，因为税收往往是地方政府领导政治前途的经济资源，没有充足的财政收入，就不可能更好地保障和改善民生，亦不能更好地推进经济社会建设。由此可见，地方政府之间的不当税收竞争所损害的不仅仅是资源配置效率，还有社会公平与政治生态。"为实现本地区更快的经济增长，在较短的时间内获得最大的 GDP 增长，在'GDP 锦标赛'中取得优胜，显示本地政府'政绩最大化'，地方政府想方设法招商引资，从而引发了争项目、拼招商等一系列引资竞争。地方政府围绕流动资本展开的竞争会造成一种'逐底竞争'型的无效率均衡——地方政府竞相降低税收征收努力度，提供各种税收优惠政策来吸引资本流入本地，这必然会使地方的实际税率低于最优水平，进而使地方公共物品供给不足，降低社会福利，同时带来更多污染，即为了增长而竞争导致了为增长而污染。"①

（三）乱收、滥支和争利

就税收而言，"因为从实质上来看，任何政府的税收都是国家政权对私人产权的一种强制剥夺和攫取，因而说到底是政府公权对个人私权的某种'侵犯'"②。所以，"滥税将会颠覆正义，败坏道德，毁灭个人自由"③。其问题主要在于地方政府为了完成税收任务征过头税等。当前，相比税收的乱征，地方政府滥收费的行为对纳税人权益的侵害更为严重。虽然对此类情形中央多次发文并采取各种措施予以制止，如《中共中央、国务院关于坚决制止乱收费、乱罚款和各种摊派的决定》（中发〔1990〕16号），但时至今日，地方政府滥收费等行为仍无法完全禁绝。2019年第一季度审计署开展国家重大政策措施贯彻落实跟踪审计发现，滥收费问题仍然很严重。"被审计地区和部门不断加大减税降费政策措施贯彻落实力度，提升企业和群众的获得感，但仍发现4个省的

---

① 踪家峰等：《中国地方财政的实证研究——财政竞争、政治晋升与地方政府行为》，经济管理出版社2017年版，第103—104页。
② 韦森：《税权法定：中国深化政治体制改革的一个关键词》，载罗卫东、姚中秋《中国转型的理论分析：奥地利学派的视角》，浙江大学出版社2009年版，第284页。
③ ［法］邦亚曼·贡斯当：《古代人的自由与现代人的自由》，阎克文、刘满贵译，上海人民出版社2005年版，第156页。

6个部门或单位通过征收已停征的行政事业性收费、向企业转嫁应由财政资金承担的费用、依托行政职权及影响力垄断经营等方式违规收费，或未及时退还企业多缴纳的社会保险费等共计3.18亿元；6个省的8家单位在未转企改制或未与主管部门脱钩的情况下，依托主管部门的行政审批事项开展中介服务并收取费用3113.91万元；12个省和3个中央部门的26家单位违规收取或未及时清退12类保证金9.07亿元。"①

有限理性的政府倾向于追求当期利益。在政绩考核等压力下，其财政资金有很大一部分投向形象工程。加之中央规制，尤其是央地财政收支划分的频繁变动，使地方政府追求短期利益的心态以及行为方式得到进一步强化。"一方面，由于政府的特殊需求，或为了追求短期行为，或为了实现数字GDP'政绩工程'，导致政府目标偏差和短期化。一些地方政府在发展地区经济社会的过程中普遍热衷于数量、速度、攀比就是一种典型表现，有的甚至不惜以拼资源换取任期内的'政绩'；而对能够促进区域经济社会长期稳定增长的基础设施、文化教育、生态环境等方面重视不够、投入不足，使之在改革三十多年之后的今天，在社会公正、二元结构、公众民生、社会保障、自然生态等方面仍然问题重重。"再者，"天地生财自有定数，取之有制，用之有节则裕；取之无制，用之不节则乏"②。1988年国务院颁布了《楼堂馆所建设管理暂行条例》，目的在于控制政府楼堂馆所的建设。之后，中央又多次下文，强调控制党政机关办公楼等楼堂馆所建设。如《中共中央办公厅、国务院办公厅关于进一步严格控制党政机关办公楼等楼堂馆所建设问题的通知》（中办发〔2007〕11号）、《中共中央办公厅、国务院办公厅关于党政机关停止新建楼堂馆所和清理办公用房的通知》（中办发〔2013〕17号）、《国家发展改革委、住房城乡建设部关于印发〈党政机关办公用房建设标准〉的通知》（发改投资〔2014〕2674号），等等。《预算法》第37条第2款也明文规定，各级预算支出的编制严格控制各部门、各单位的机关运行经费和楼堂馆所等基本建设支出。这些规范既体现了

---

① 参见《审计署审计结果公告2019年第7号》。
② 《张文忠公全集》卷15《论时政疏》。

中央政府对地方财政支出投向的要求，也从侧面说明了机关运行经费和楼堂馆所等基本建设支出居高不下的客观情况。各地豪华办公楼等楼堂馆所的建设屡屡见诸报端，涉及多个省份（见图1-1），耗资巨大，其中仅10亿元以上的就4个之多，其中济南市政府办公楼高达40亿元之多，而且国家级别贫困县，河南台前县、陕西汉阴县、内蒙古宁城县、陕西延川县也在其列。① 这仅仅是通过媒体报道出来的，实际数据远远超出这些。再者，"三公经费"也是居高不下，饱受诟病。在财政资金一定的情况下，财政资金大量用于办公楼等楼堂馆所的建设以及出国（境）、车辆购置及运行、公务接待等花费上，真正投向民生建设的资金就会减少，和财政的公共性背道而驰。并且这些财政活动更容易滋生腐败，出现权力寻租等情形。另外，"长期以来，在我国财政资金分配和管理中，普遍存在'重分配、轻管理'、'重投入、轻产出的'的现象，各级政府和部门都是千方百计争取项目、争资金、争补助，而往往忽视对财政资金管理和使用的追踪考核。所以，低水平、重复投资的现象在一些领域中比较严重，成本收益比很低，投入产出不匹配"②。"另一方面，政府为了追求地区短期利益，不顾国家产业政策和资源禀赋的差异，一味追求自成体系，将投资重点放在价高利厚的加工工业，导致盲目生产、重复建设，地方投资呈现轻型化、小型化，地方产业结构趋同化。"③ 此种经济社会发展的模式带来了诸多问题：公共产品的供应不足，即公共产品不能满足人民日益增长的物质和文化需要；预算偏离社会需要，不适当地加大某个领域的预算份额，如扩大政府开支、庞大的"三公经费"和不适当地缩小某个领域的预算份额，如教育、科技支出；权力寻租现象普遍存在，个人或利益集团为了谋取自身的经济利益，而采取行贿等不正当手段对权力执掌者施加影响。④ 再者就是财政资金浪

---

① 参见王婷婷《〈党政机关办公用房建设标准〉出台 盘点各地政府超标办公楼——26豪华政府楼半数上亿》，《法制晚报》2014年12月1日第A22版。
② 安秀梅：《政府绩效评估体系研究——从政府公共支出的角度创设政府绩效评估体系》，中国财政经济出版社2009年版，第52页。
③ 李志平：《地方行政责任伦理评价机制研究》，湖南大学出版社2015年版，第115页。
④ 参见李昌麒主编《经济法学》，法律出版社2016年版，第29页。

费比较严重，从 2016 年 1 月 1 日至 10 月 31 日全国查处的违反八项规定精神案件的情况可以看出其中的端倪（见表 1-1）。

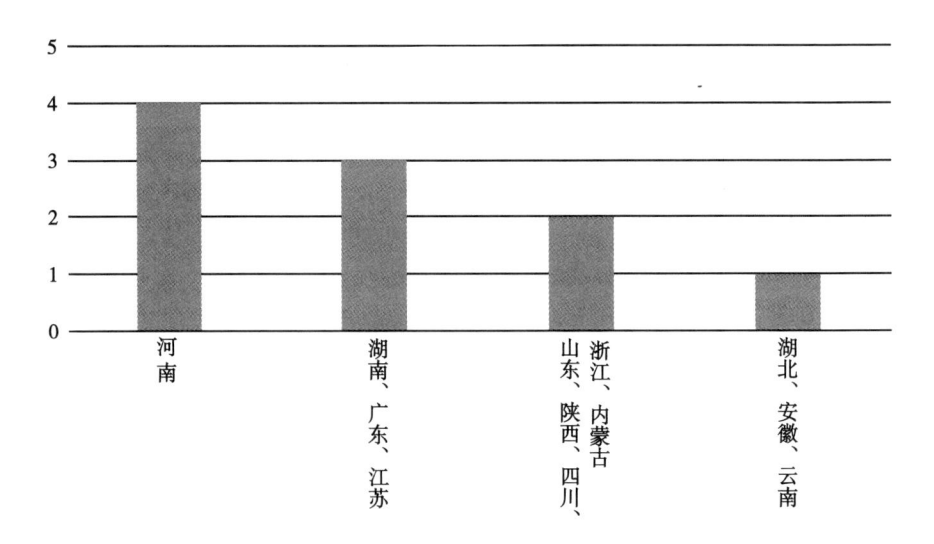

图 1-1　豪华办公楼地域分布情况

资料来源：笔者自行整理制作。

表 1-1　2019 年以来全国查处违反中央八项规定精神问题汇总

			级别				类型							
	项目	总计	省部级	地厅级	县处级	乡科级	违规公款吃喝	公款国内旅游	公款出国境旅游	违规配备使用公务用车	楼堂馆所违规问题	违规发放津补贴或福利	违规收送礼品礼金	大办婚丧喜庆	其他
2019年以来	查处问题数（个）	30938	1	362	3529	27046	4544	1414	60	3913	862	7776	7170	2495	2704
	处理人数（人）	43614	1	431	4394	38788	6946	2328	99	4762	1202	12156	8948	2758	4415
	处分人数（人）	30715	1	329	3078	27307	4969	1618	81	3084	436	8285	6978	2138	2809
备注	"其他"问题包括：提供或接受超标准接待、接受或用公款参与高消费娱乐健身活动、违规出入私人会所、领导干部住房违规、违规接受管理服务对象宴请等问题。														

资料来源：中纪委国家监委党风政风监督室，（http://www.ccdi.gov.cn/toutu/201908/t20190831_199680.html）。时间截至 2019 年 7 月 31 日，笔者在此基础上进行了一定的变动。

再者，就是地方政府通过兴办地方性国企或给予其特殊待遇，使地方性国企与其他类型的企业相比处于优势地位并大量进入竞争性领域，与纳税人争夺经济利益，这与"国退民进"的总体战略相违背。与享有特殊待遇的国企进行竞争，对于纳税人来说也是不公平的。受传统观念的影响，很长时间以来，一些地方政府和司法机关并没有真正做到对非公经济的依法保护。法院在审理案件过程中，无法对国有企业与民营企业平等保护，税务部门在国企与私企的执法检查力度上也往往存在区别。2016年3月，最高人民检察院专门出台了《关于充分发挥检察职能依法保障和促进非公有制经济健康发展的意见》，加大对非公有制经济的保护力度。事实上，早在2015年12月，最高人民法院就颁布了《关于依法平等保护非公有制经济促进非公有制经济健康发展的意见》，首次以司法指导意见的形式对依法保障非公有制经济健康发展的相关问题进行规定。这从另一个角度说明，政府与民营企业"争利"确实已经成为一个"问题"。不仅地方政府的行政执法会区别对待国有企业与民营企业，被视为正义最后防线的司法亦不能"免俗"，非公经济企业因不公正的司法裁决使企业遭到沉重打击的事件仍屡见报端。再者，房地产市场之所以如此"混乱"，其实质也是地方政府与民争利的问题。地方政府为了筹措投资资金，具有圈地冲动，这就会导致集体经济组织与地方政府的关系更加紧张。地方政府能够给予集体经济组织的补偿往往远远小于其实际价值，土地增值的利益主要流入政府与房地产开发商手中。由于房地产已经成为国民经济的"支柱产业"，在地方税源有限的情况下，地方政府仍然会通过刺激房地产市场维持地方经济发展，继续"与民争利"。目前，中央正在推进房地产税改革，其中一个很重要的目的就是要破除地方政府对土地出让金的依赖，限制地方政府财权的同时，为地方提供更加可持续性的、结构更加合理的财政收入。

二 中央规制的核心意涵：以权力制约权力

从本质上来说，中央规制地方财政是纵向权力制约的一种。可按照分权与制衡的方式来设计中央规制，以实现中央对地方财政的适度干预。通过权限调整将央地财政权限调试至适度状态，以中央权力制衡地方的财政权力,保持合理限度,适度干预。权力的行使最终以行为来表达,对权力的制衡更多依赖于对行为的规制,即中央政府可借助行为规制实现对地方财政权力的制衡。

(一)中央应对的实质:以权力制约权力

中央政府对地方财政进行规制,实质上是中央政府运用规制权对地方政府的财政权力进行制约,以权力制约权力。"以权力制约权力"与权力的秉性有着莫大关联。"每一个强有力的东西总有越出它本身范围的本能倾向,因而权力总倾向于增加权力,权力机构总倾向于不断扩大自己。"① 而且,"权力导致腐败,绝对权力导致绝对腐败"②。"在利益的驱动下,权力的运行是没有边界和范围的,大多数权力主体由于权力欲的支配,都必然表现出一种不可遏止的占有欲、扩张欲、支配欲。"③ 财政权力作为权力的一种也不例外。地方政府既有扩大自身财政权力的可能,也有包括权力腐败等在内的权力异化的可能。"在一切情况和条件下,对滥用职权强力的真正纠正办法,就是用强力对付强力。"④ "为了防止滥用权力,必须通过事务的统筹协调,以权力制约权力。"⑤ 而且"分权制衡作为一种政治架构,将国家权力分而治之,一方面减少了权力的内容,削弱了权力的能量,降低了权力的强制性;另一方面划定了权力的边界,增加了权力的确定性。因此,有效地制约了权力的扩张和滥用,成为现代民主法治国家权力结构的普适特点"⑥。因此,为了防止地方财政权力的滥用和异化,需要构建完善的权力制约体系,中央权力的制约是极为重要的一环。

"以权力制约权力"的理论范式,分权和制衡是其核心,有横向分

---

① 沈宗灵:《现代西方法理学》,北京大学出版社1992年版,第87页。
② [英]阿克顿:《自由与权力》,侯建、范亚峰译,商务印书馆2001年版,第342页。
③ 参见宋惠昌《权力的哲学》,中共中央党校出版社2014年版,第213页。
④ [英]约翰·洛克:《政府论》(下篇),瞿菊农、叶启芳译,商务印书馆1982年版,第95页。
⑤ [法]孟德斯鸠:《论法的精神》(上卷),许明龙译,商务印书馆2013年版,第185页。
⑥ 谢佑平、江涌:《论权力及其制约》,《东方法学》2010年第2期。

权制衡和纵向分权制衡两种。从性质上来看，中央规制地方财政，属于纵向分权制衡。分权是依其职能对国家权力进行划分和分配。其实质是优化权力结构与权力配置，使权力关系明晰化、规范化。制衡是通过职能分解、机构分设和人员分工，实现对权力的赋予与对权力制约的赋予相对应，以便当一种权力偏离正常轨道时，与它相对应的权力能够自行予以制止。①"通过权力的分工制衡，确定每一国家机关的权力界限，确保任何权力都是有限的权力，都有范围的限制和外在的约束，防止集权和专制。同时限制权力的行使，确保任何权力都是守法的权力，都不具有超越法律的地位。制约权力、遏制权力变异的基本手段就是权力本身。"②

具体到财政领域，分权在于中央政府和地方政府之间财政权限的划分，制衡在于通过中央权力制衡地方政府的财政权力。权限划分确定了中央财政和地方财政的静态结构，权限调整通过不断调试这一结构，使央地财政结构达到最优状态，即财权财力的适度集中。地方政府财政权力的行使表现为地方政府的各种财政行为。所以，制衡地方财政权力可以通过对地方财政行为的规制来实现。在行为规制中，多采用引导激励与协商合作等非强制性手段，以达到适度干预的效果。简言之，权限调整和行为规制是构建和推进适度集权模式的核心方略。但二者并不是截然分开的，而是相互依赖、相互联动，形成中央规制的合力。权限是否调整，在多大程度上进行调整，如何调整，是基于中央政府对地方财政行为规制效果的良莠而进行的选择；中央政府能否有效规制地方财政行为，很大程度上取决于中央政府权力配备的情况和地方财政权力的多少和力量强弱。所以，两条核心方略应当并驾齐驱，合力推动中央规制的有效实现。

（二）权力分工视角：权限调整

"'分权'观念来自社会分工和协作的影响，又由于国家这个权威而

---

① 参见王寿林《权力制约与监督研究》，中共中央党校出版社2007年版，第157—160页。

② 王月明：《地方公共权力监督制约体制研究》，法律出版社2012年版，第48页。

产生巨大的辐射力,深深地渗透到社会生活的各个领域。"① 这里的权力分工是基于社会对中央财政权力和地方财政权力各自的需求,需求内容和多少决定了央地之间的财权配置和财力分配。满足社会需求的程度是判断权力分工是否恰当的标准。不同权力由于分工不同,其作用也各不相同。基于社会需求,权力和权力之间并非完全对等或均衡的,一种权力可能较其他权力具有相对优势。例如,福利国家的不断发展导致行政权的扩张,现代化的推进、市场统一的需求等促使中央政府需要集中一些财权财力等。

央地财政权限调整的方式有两种,一种是通过扩大或缩小中央财政权力,压缩或扩大地方政府的行为空间,如美国,其通过对宪法的解释,不断扩充联邦政府的财政权力;另一种是直接对地方政府的财政权限进行调整,如法国,通过赋予地方更多的财政权力,使地方政府更具活力。央地间财政权限是否适当,关键在于对这种垂直权力如何进行有效配置、合理安排。垂直权力的配置有两种形式:一种是垂直权力的分化,另一种是垂直权力的整合。垂直权力的分化与整合是相辅相成的,分化导致权力的离心化,难以达到上下级政府的步调一致,需要一定的权力整合机制来纠正偏离;而整合导致权力的集中化,难以发挥政府的灵活性、适应性,需要一定的权力分化机制来破僵润滑。实践中总是存在垂直权力过度整合而分化不足,抑或垂直权力过度分化而整合不足的现象,导致权力的闲置或异动。② 垂直权力的过度分化和过度整合都是不可取的。应将分化和整合结合起来,适当配置地方政府的财权,以使其有效开展自主治理;适度集中财权财力,使中央规制有效实现。另外,我们需要予以明确的是,财政权限的调整不能过度关注地方财政权力本身的大小,以此来判断权限划分的合理与否,而忽视运行效果。从根本上来说,运行效果才是调整权限大小的依据。更为重要的是,在公

---

① 朱光磊:《以权力制约权力——西方分权论与分权制评述》,四川人民出版社1987年版,第5—6页。
② 参见孙学玉《垂直权力分合:省直管县体制研究》,人民出版社2013年版,第3—5页。

共财产权制度下,中央与地方财权和支出责任的合理配置问题应聚焦于公共财产支配的正当性。特定的公共财产,无论是划归为中央财权或支出责任,还是划归为地方财权或支出责任,其最终目的均是为最有效地保障和改善纳税人的整体民生福祉。①

(三) 权力制衡层面:行为规制

分权意味着赋予地方政府一定程度的自由裁量权,这样它们才能够回应纳税人的需求。然而,在缺失有效制约和适当责任的情况下,较大的自由裁量权将导致新权力的滥用和乱用、地方精英团体对权力的俘获以及公共服务提供的乏力。②从纵向制衡的角度,需要中央权力制衡地方政府的财政权力。而行为是权力行使的表达,描绘着权力运行的轨迹。因此,制衡地方的财政权力可以通过规制其财政行为来实现。地方政府拥有相应的财政权力并合理合法行使之,其财政行为才属正当。超越自身权限,属于越权行为;滥用手中权力,属于滥权行为;有权力而怠于行使,属于懒权行为等。

中央规制地方财政行为自消极面而言,系透过视察、考核、监视及纠正权的行使,以防止地方政府怠忽本身职务或滥用财政权力,维护纳税人合法权益并保障国家统一;就积极面而言,系透过督促、指导以及扶助措施,促使地方善于运用财政自主权,努力建设事业,扶植各地的均衡发展,以促进整个国家的繁荣与强盛。③其中,制度环境的提供是重要内容。"中央政府的角色是提供制度环境,地方政府则在这个设定好的制度环境中行动。对于中央来说,这些环境制度是一种重要的权力资源,因为通过改变制度环境,中央就可以改变省政府的行为。"④与此同时中央政府还要居中协调,解决地方政府之间的冲突,如不当的税收

---

① 刘剑文、王桦宇:《公共财产权的概念及法治逻辑》,《中国社会科学》2014 年第 8 期。

② See Linda Gonçalves Veiga and Mathew Kurian Reza Ardakanian, *Intergovernmental Fiscal Relations Questions of Accountability and Autonomy*, Berlin: Springer, 2015, pp. 49-50.

③ 参见萧文生《国家·地方自治·行政秩序》,元照出版有限公司 2009 年版,第 60 页。

④ [新加坡] 郑永年:《中国的"行为联邦制":中国与地方关系的变革与动力》,邱道隆译,东方出版社 2013 年版,第 12 页。

竞争等。除此之外，中央政府还要矫正各地财力不均衡的状态，实现基本公共服务均等化。

三 中央规制的根本目的：保障纳税人权益

保障纳税人权利，要求中央规制各具体功能的发挥要始终围绕着纳税人权益保障和基本权利实现。首先，中央政府拥有足够的财力支持其采取有力的国家行动，维护国家安全和统一，处理各种国际事务。为国家的发展和人民的安居乐业营造良好的国际和国内环境，建构稳定的社会秩序和统一的国内市场，消除地方保护主义。这样，纳税人才能自主和有效地行使权利，进行各种活动。所以，中央政府应当拥有获得财政收入的权力以及防止地方政府侵夺中央财政利益的手段，保障其获得足够的财力。其次，基于各地经济社会发展的不均衡，需要通过中央规制实现基本公共服务均等化。在这一过程中，中央政府需要扩大地方财源、加大一般转移支付等，补强地方财力，以专项转移支付等形式引导地方政府，使其将更多财政资金投向基本公共服务领域。"中国晚清、南北战争之前的美国，都曾发生过地区失衡发展而导致的国家危机，后来晚清崩溃、美国分裂，这两个国家又是如何重新统一的呢？中国是长达几十年的内战外战，美国则是两个区域集团间血腥的残杀，最后还是只有通过战争和暴力，才逐渐打破旧的社会结构和制度系统，缓和了社会内部不同阶层或说利益集团间在权力和权利上严重的不平衡，并建立起在经济、政治和文化上相对均一的现代民族国家。"[1] 基本公共服务均等化可以使纳税人能够有尊严地生活，是保障基本人权的重要措施。再次，权力具有扩张的特性，地方政府也具有肆意扩大自己财权的冲动，需要中央政府对其制衡和约束。通过这种制衡和约束防止地方政府侵害纳税人权益。最后，对地方财政风险进行控制。Hana（1998）提出了财政机会主义这一概念，指出政府在短期面临财政赤字和政治压力环境

---

[1] 程亚文：《大国战略力：帝国盛衰的六种力量》，文汇出版社2016年版，第141页。

时，政策制定者往往有通过预算外政策过度积累或有财政风险的偏好。[①] 控制风险，才能使得地方政府持久稳定地向纳税人提供公共服务。中央规制功能的存在，证成了中央规制的正当性。但更重要的是无一不指向纳税人基本权利的保障（见图1-2）。

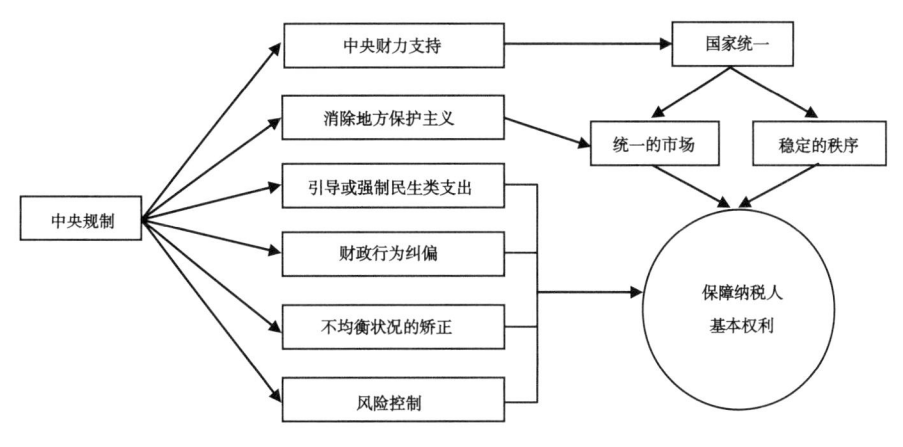

图1-2 中央规制的功能与根本目的

第二节 中央规制地方财政的文本实践

中央规制在理论上的正当性，只有得到了宪法等法律文本的支撑，才能在实践中有效运行。当前，我国《宪法》从国家性质、机构定位和中央职权等多个角度对为中央规制的展开提供了宪法依据，从根本上奠定了中央规制的法律基础；法律法规则主要从立法控制、监督地方立法和预算等多个层面阐释中央规制的依据和中央政府的职权；规范性文件从更为微观的角度着眼于中央政府的审批权等具体职权以及对地方财政的强制性要求等；执政党主要通过党的组织系统和政治影响力间接影响地方政府的财政行为，制定党内法规、通过决议、决定和发布公告等，体现党的意志，具有方向引领和政策宣导的意义。这些文本既使得中央

[①] Hana Polackova Brixi, *Contingent Government Liabilities: A Hidden Risk for Fiscal Stability*, World Bank Working Paper, No. 1989, 1998.

规制在实践中有了法律支撑，也能够从中探寻到中央规制工具的踪迹。

一　宪法文本中的"中央规制"

宪法是国家的根本大法，其对中央规制地方财政的规定，具有根本性的意义。当前，我国《宪法》从国家性质、机构定位和中央职权等多个角度对为中央规制的展开提供了宪法依据。《宪法》序言中确认我国是统一的多民族国家、总则内容中对单一制国家结构进行了描绘，这些内容从本源上就决定了中央政府在整个国家结构的领导地位。《宪法》第57条、第89条对此也予以了佐证，将全国人民代表大会定位为最高国家权力机关、国务院为最高国家行政机关，树立了中央政府在整个国家结构中的权威性。更为进一步的是，《宪法》第3条第4款明确了中央和地方的国家机构职权的划分，遵循在中央的统一领导下的原则，第89条第4项更是规定国务院具有统一领导全国地方各级国家行政机关的工作，规定中央和省、自治区、直辖市的国家行政机关的职权的具体划分的职权。再者，《宪法》对中央政府的撤销权、改变权和审计权进行了明确规定，第67条第8项规定全国人大常委会具有撤销省、自治区、直辖市国家权力机关制定的同宪法、法律和行政法规相抵触的地方性法规和决议的职权，第89条第14项规定国务院具有改变或者撤销地方各级国家行政机关的不适当的决定和命令的职权，第91条规定国务院设立审计机关，有权对地方各级政府的财政收支进行审计监督。

二　法律法规中的"中央规制"

当前，我国的法律法规主要从立法控制、监督地方立法和预算等多个层面阐释中央规制的依据和中央政府的职权。《立法法》第7条规定全国人民代表大会和全国人民代表大会常务委员会行使国家立法权，《立法法》第8条第6项、第9项规定税种的设立、税率的确定和税收征收管理等税收基本制度和财政基本制度制定法律，据此制定的财税法，地方政府应当遵从。对此，《宪法》第5条第4款也给予了明确规定，一切国家机关都必须遵守宪法和法律。一切违反宪法和法律的行为，必须予以追究。第88条明晰了法律和行政法规的效力高于地方性法规、规章，为法律和行政法规在地方的有效贯彻奠定了基础,是对地方进行立法控制的重要前提。而且,在立法中对地方政府财政治理工作的开展提出了具体要求,并设置地方财政行为的禁区。《预算法》第 31 条第 2 款规定,各级政府、各部门、各单位应当按照国务院规定的时间编制预算草案。《科学技术进步法》《教育法》《义务教育法》《公共文化服务保障法》《体育法》《环境保护法》《农业法》《农业技术推广法》均在各自领域对地方财政支出提出了相应的要求,如《教育法》明确要求教育财政拨款的增长应当高于财政经常性收入的增长,并使按在校学生人数平均的教育费用逐步增长,保证教师工资和学生人均公用经费逐步增长。还设有地方财政的禁止性规定,如《预算法》第 35 条第 3 款、第 4 款规定,在额度范围内经过批准的地方债外,地方政府及其所属部门不得以任何方式举借债务。除法律另有规定外,地方政府及其所属部门不得为任何单位和个人的债务以任何方式提供担保。再者,中央政府监督地方政府的立法。根据《立法法》第 97 条第 2 项、《各级人民代表大会常务委员会监督法》第 30 条和《预算法》第 20 条第 2 款等的规定,全国人大常委会享有对以下内容的撤销权:省、自治区、直辖市国家权力机关制定的同宪法、法律和行政法规相抵触的关于财政(包括预算)的地方性法规、决议和决定和其作出的超越法定权限,限制或者剥夺纳税人合法权利,或者增加纳税人义务以及有其他不适当情形的决议和决定;《立法法》第 97 条第 3 项和《预算法》第 23 条等规定,国务院有权改变或者撤销地方政府关于财政不适当的政府规章、决定和命令。另外,中央政府还有权对地方进行检查、行为审查(审核)等。《各级人民代表大会常务委员会监督法》第 22 条规定,全国人大常委会应当有计划地对有关法律、法规实施情况组织执法检查;《预算法》第 20 条规定,全国人大有权审查地方预算草案及地方预算执行情况的报告,全国人大常委会有权监督中央和地方预算的执行;第 33 条要求省、自治区、直辖市政府按照国务院规定的时间,将本级总预算草案报国务院审核汇总;第 35 条第 2 款还规定,经国务院批准的省、自治区、直辖市的预算中必需的建设投资的部分资金,可以在国务院确定的限额内,通过发行地方政府债券举借债务的方式筹措。举借债务的规模,由国务院报全国人民代表大会或者全国人民代表大会常务委员会批准。

三 规范性文件中的"中央规制"

规范性文件主要着眼于中央政府的审批权等具体职权以及对地方财政的强制性要求等。《中共中央、国务院关于治理向企业乱收费、乱罚款和各种摊派等问题的决定》（中发〔1997〕14号）明确规定："各省、自治区、直辖市人民政府审批的收费项目和收费标准，要分别征得财政部和国家计委同意。向企业实施罚款，必须严格按照国家法律法规的规定执行。向企业集资，必须依据国家法律法规和国务院的规定进行。向企业收取基金，必须按照规定报财政部会同有关部门审批，重要的要报国务院审批。"《国务院办公厅关于进一步加强涉企收费管理减轻企业负担的通知》（国办发〔2014〕30号）规定："自本通知印发之日起，新设立涉企行政事业性收费和政府性基金项目，必须依据有关法律、行政法规的规定。对没有法律、行政法规依据但按照国际惯例或对等原则确需设立的，由财政部会同有关部门审核后报国务院批准。"另外，一些规范性文件，对地方财政支出提出了具体要求（见表1-2）。

表1-2　　　　　　　　　地方财政支出的强制性要求

领域	文件	内容	备注
科技	《中共中央、国务院关于加速科学技术进步的决定》（1995年5月6日）	到2000年全社会研究开发经费占国内生产总值的比例达到1.5%。中央和地方每年财政科技投入的增长速度要高于财政收入的年增长速度，一些经济较发达地区，科技投入的增长幅度要更大一些。	
	《科学技术部关于印发国家十二五科学和技术发展规划的通知》（国科发计〔2011〕270号）	全社会研发经费与国内生产总值的比例提高到2.2%。	失效
	《国民经济和社会发展第十三个五年规划纲要》	到2020年文化研究与试验发展经费投入强度达到2.5%，具有预期性。	
文化	《中共中央关于加强社会主义精神文明建设若干重要问题的决议》（1996年10月10日）	中央和地方财政对宣传事业的投入，要随着经济的发展逐年增加，增加幅度不低于财政收入的增长幅度。	
	《中共中央关于深化文化体制改革推动社会主义文化大发展大繁荣若干重大问题的决定》（2011年10月18日）	保证公共财政对文化建设投入的增长幅度高于财政经常性收入增长幅度，提高文化支出占财政支出比例。	

（续表）

领域	文件	内容	备注
卫生	《中共中央、国务院关于卫生改革与发展的决定》（1997年1月15日）	中央和地方政府对卫生事业的投入，要随着经济的发展逐年增加，增加幅度不低于财政支出的增长幅度。	
	《中共中央、国务院关于深化医药卫生体制改革的意见》（中发〔2009〕6号）	政府卫生投入增长幅度要高于经常性财政支出的增长幅度，使政府卫生投入占经常性财政支出的比重逐步提高。	
	《国务院关于环境保护若干问题的决定》（国发〔1996〕31号）	各省、自治区、直辖市应遵循经济建设、城乡建设、环境建设同步规划、同步实施、同步发展的方针，切实增加环境保护投入，逐步提高环境污染防治投入占本地区同期国民生产总值的比重，并建立相应的考核检查制度。	
住房	国务院办公厅转发建设部等部《关于调整住房供应结构稳定住房价格意见》的通知（国办发〔2006〕37号）	要求各地建立廉租房制度，各级财政要加大对廉租房建设的支持力度。	
	《建设部关于印发〈城镇廉租住房工作规范化管理实施办法〉的通知》（建住房〔2006〕204号）	设定了各种廉租房达标标准。	
国家赔偿	《国家赔偿费用管理条例》（国务院令第589号）	各级人民政府应当根据实际情况，安排一定数额的国家赔偿费用，列入本级年度财政预算。当年需要支付的国家赔偿费用超过本级年度财政预算安排的，应当按照规定及时安排资金。	
政法	中共中央办公厅、国务院办公厅关于转发《财政部关于政法机关不再从事经商活动和实行"收支两条线"管理后财政经费保障的若干意见》的通知（中办发〔1998〕30号）	行政经费，要按照高于当地一般行政机关一倍以上的标准予以安排。经济条件好的地区，也可高于该标准予以安排。业务（办案）经费，要根据工作任务予以安排。对大案、要案所需办案经费实行专项报批，专项安排。	

资料来源：罗春梅：《地方财政预算权与预算行为研究》，西南财经大学出版社2010年版，第58页。笔者在此基础上进行了修订和补充，鉴于文章篇幅和技术原因，仅对具有代表性的领域进行了整理，并不能涵盖所有领域，特此说明。

四 党内法规中的"中央规制"

执政党主要通过党的组织系统和政治影响力间接影响地方政府的财政行为，制定党内法规、通过决议、决定和发布公告等，体现党的意志，具有方向引领和政策宣导的意义。首先，明确了党中央在整个党的组织系统中的领导地位，树立其权威，并对中央巡视工作的开展提出了具体要求。《党章》第10条第1项关于党的民主集中制的基本原则的表述中，要求下级组织服从上级组织，全党各个组织和全体党员服从党的全国代表大会和中央委员会，第10条第3项明确了党的最高领导机关，是党的全国代表大会和它所产生的中央委员会，《中国共产党党内监督条例》第5条更是明确要求维护党中央集中统一领导。《党章》第14条第1款明确党的中央实行巡视制度，在一届任期内，对所管理的地方党组织实现巡视全覆盖。《中国共产党党内监督条例》第19条将巡视定位为党内监督的重要方式。其次，通过制定党内法规等，约束党员的行为，尤其是财政行为。鉴于国家机关中党员居于绝大多数的情况，党的文件在党政机关中有较强的实际拘束力。如《中央政治局关于改进工作作风、密切联系群众的八项规定》，已成为遏制财政资金滥用、乱用和浪费的一柄利剑，中纪委监察部网站还专门开通了"违反八项规定精神"曝光平台，以促进其落实。虽然《中央政治局关于改进工作作风、密切联系群众的八项规定》约束的是党员干部，但通过其执行减少了财政资金的滥用、乱用和浪费，地方政府可利用的财政资金增多，可以将更多财政资金投向民生领域。另外，通过决议、决定和公告等进行政策宣告，虽然对地方财政治理不直接产生强制作用，但转换为法律，则具有了强制性。如党的十八届三中全会通过的《中共中央关于全面深化改革若干重大问题的决定》提出建立跨年度预算平衡机制和权责发生制的政府综合财务报告制度，在2014年修订的《预算法》中均有体现，这样其就具有法律效力。对于党员而言，其作为组织成员，必须遵守党的纲领、路线和规则等。最后，党中央还通过与国务院联合发文的形式，实现对党政机关和领导干部的全覆盖，进一步增强执行力。例如，《中共中央、国务院关于印发〈党政机关厉行节约反对浪费条例〉的通知》（中发〔2013〕13号）不仅要求党政机关必须按规定将依法取得的罚没收入、行政事业性收费、政府性基金、国有资产收益和处置等非税收入及时足额上缴国库，还采用制定支出标准和支出程序严格控制财政支出。

第三节 中央规制地方财政的"工具箱"

"要监督权力,必须制定科学的有关权力运行的法律规则,包括实体规则和程序规则,并通过这些规则来规范权力的行使。要监督权力,必须使权力的运行过程保持高度的透明,增加权力运行的能见度。要监督权力,必须建立越权和权力滥用的发现机制、矫正机制和救济机制。"[①] 而权力的行使是以行为来表达的,对权力的监督表现为对行为的规制。对地方财政行为进行规制的各种工具,根据功能的不同,分为命令—控制型工具、激励型工具、公众参与型工具、自愿行动型工具和信息型工具等,每一类有着不同的作用机理,有着不同的适用范围和运行准则。

一 规制工具的类型化

类型化,不仅是对规制工具归类,更是通过分类整理,深层面地认识各规制工具的属性,进一步完善各具体制度。并且,根据一定的规则对规制工具优化组合。根据功能等的不同,可以将规制工具划大致分为命令—控制型工具、激励型工具、公众参与型工具、自愿行动型工具和信息型工具等[②],命令—控制型工具主要是规范、约束和限制地方政府的财政行为,并通过惩罚等制度,使地方政府切实履行财政职责;激励型工具主要是中央政府通过专项转移支付和奖励等显性经济激励等,促使地方财政按照中央意图营运;公众参与型工具,是借助纳税人的力量,通过纳税人对财政违法行为举报、申请复议或提起诉讼等实现对地方财政有效监督;自愿行动型工具,在于中央政府通过引导性规范和央地财政协议等,使得地方政府自愿投入良性的财政治理中;信息型工具

---

① 江必新:《法治政府的制度逻辑与理性构建》,中国法制出版社 2014 年版,第 92—93 页。

② 参见王红梅《中国环境规制政策工具的比较与选择——基于贝叶斯模型平均(BMA)方法的实证研究》,《中国人口·资源与环境》2016 年第 6 期。

主要是通过信息公开等方式，使得中央政府实时获取地方财政信息，有效应对地方政府的各种财政异化行为（见表1-3）。

表1-3　　　　　　　　　规制工具的类型划分

序号	类型	具体制度或措施
1	命令—控制型工具	强制性规范、行政命令、派驻、垂直管理、巡视、执法检查、行政督查、财政检查、审计、视察和调研、审批、审核、备案审查、考核、撤销、改变、附带性审查、一般转移支付、责令改正、代为履行和课责等
2	激励型工具	专项转移支付和奖励等
3	公众参与型工具	财政违法举报、行政复议和行政诉讼等
4	自愿行动型工具	引导性规范和央地财政协议等
5	信息型工具	财政公开等

二　命令—控制型工具

命令—控制型工具发挥作用的前提是中央和地方财政权力的分立，中央政府通过自身财政权力的行使约束地方政府的财政行为。其依托于中央政府的立法权、管理权、许可权、缔约权和考核权等，具体包括强制性规范、行政命令、派驻、垂直管理、巡视、执法检查、行政督查、财政检查、审计、视察和调研、审批、审核、备案审查、考核、撤销、改变、附带性审查、责令改正、代为履行和课责等。命令—控制型工具一般具有强制性，干预性色彩浓厚，应当尽量限缩其适用场域，减少使用频次，规定严格的适用条件。

（一）强制性规范和行政性命令

"在其合法的形式中，作为在集体过程中所涉及的决策制定单位，A控制B的权力就是A为了集体行动的整体有效性制定各项优于B的利益的决策的'权利'。"[①] 中央政府控制地方政府的财政权力，是为了国家整体利益的有效推进，而作出各种决策、制定各种财政规则和政策。其

---

① ［英］史蒂文·卢克斯：《权力：一种激进的观点》，彭斌译，江苏人民出版社2012年版，第20页。

中最为核心的是中央立法机关制定的强制性规范和中央行政机关发布的各项指令。

在以法律形式约束地方财政行为方面，日本有《地方财政法》《地方税法》，韩国有《地方财政法》《政府合同法》等。我国《预算法》第1条和《政府采购法》第1条都明确规定其目的在于规范政府财政行为，前者是规范政府收支行为，后者在于规范政府采购行为。除此之外，其他法律也对地方财政行为提出了一些具体的要求，如《残疾人保障法》第48条第1款①。中央立法机关通过立法设定地方政府财政行为的准则，要求地方政府为或不为某些财政行为。以政府采购为例，"政府采购必须建立在一定之程序，并使程序达到公平、公开之要求，方不致放任政府为所欲为。故政府采购不同于私人或企业团体之简便，必须在法定程序下完成采购"②。为此，《政府采购法》设置了公开招标等程序，要求各级政府严格遵守，以减少采购过程中的权力寻租等。但是，地方政府只不过是一个抽象的代表，真正的行为者是地方政府官员。③因此，除了对政府财政行为进行约束外，中央政府还可通过立法形式对地方政府的公务人员包含财政道德在内的行政道德加以规定。这种做法，在西方国家也较为普遍。美国有《政府官员和雇员伦理行为准则》《政府行为伦理法案》《美国政府伦理改革法案》《美国行政官员伦理指导标准》，意大利有《道德法典》，日本有《日本国家公务员伦理法》《日本公务员伦理规程》，加拿大有《加拿大公共服务伦理规范》，澳大利亚有《国防部与工业界双方商业道德规范》。这些规范，对公务员应遵守的行政道德做了详细规定，明确告诉人们公务员应该做什么，可以做什么，不能做什么。④

在这其中，通过法律形式对地方财政支出提出强制性要求，包括支

---

① 《残疾人保障法》第48条第1款规定："各级人民政府对生活确有困难的残疾人，通过多种渠道给予生活、教育、住房和其他社会救助。"

② 潘秀菊：《政府采购法》，新学林出版股份有限公司2009年版，第3页。

③ 参见黄振威《权力制约、可信承诺与经济增长》，浙江大学出版社2014年版，第115页。

④ 参见王月明《地方公共权力监督制约体制研究》，法律出版社2012年版，第55页。

出方向和标准等，意在保障纳税人基本权利，并不必然戕害地方财政自主权。而且如果强制性支出完全以法律形式存在，本身就代表民意，具有民主基础。在这些法律制定的过程中畅通地方政府意见表达机制，其正当性将更加坚实。强制性支出和统一标准的设定，在保障纳税人基本权利方面具有不可替代的作用，不能因其当前在我国存在乱象，就完全否认其积极意义。《国务院关于在全国建立农村最低生活保障制度的通知》（国发〔2007〕19号）要求地方各级人民政府将农村最低生活保障资金列入财政预算。姑且不论，以规范性文件的形式作出此项规定是否恰当，但此种要求具有实质正当性。所以，目前，我们应当着手做的是对这一制度进行改造，限定其适用范围，明确其适用条件，而非因噎废食，弃之不用。对于非用于保障纳税人基本权利的支出，如科技和体育支出，其虽然能够推动经济社会的发展、提高国民的体育素养，但其与纳税人基本权利的保障没有太大关联，不具有保护的紧迫性和必然性，只是社会发展到一定阶段纳税人更高层面的需求，因而不具有强制的正当性。所以，中央政府不得强制地方政府这方面的支出，应由地方政府自主安排。在地方政府的财政资金不足以安排保障纳税人基本权利等事项时，可减少甚至不对这些领域进行支出。对于属于纳税人基本权利范围的事项，也并不是全部采用强制性支出的方式。其针对的是那些未实现或未完全实现的基本权利，目的在于有力地推动这些权利的实现。对于那些已经获得了各级政府比较有效保障的权利，不应当列入强制性支出的范围，已经列入的应从中剔除。强制性支出制度是动态发展的，随着基本权利保障情况的变化而变化。除应当符合前述要求外，强制性支出的项目还应当属于地方财政应当负担的部分。对于应由中央财政负担的，不得采用此种方式转嫁其责任；央地共同承担的，分清各自承担的比例。概言之，强制性支出，在形式上，必须以法律形式存在，没有法律依据，不得强制支出；在内容上，只能针对那些未实现或未完全实现的纳税人基本权利，而且应当由地方负担的部分。如正在推进的"精准扶贫"工作，其意在保障纳税人的生存权和发展权，而这项权利是纳税人的基础性人权，具有保障的优先性。所以，可以以法律形式要求地方政府将财政资金投入扶贫领域。在日本，其《宪法》第25条规定："所有国民均享有维持健康且文化性的最低限度生活的权利。国家必须在一切生活方面,努力提高与增进社会福利、社会保障以及公共卫生。"我国《宪法》第 33 条款也明确规定:"国家尊重和保障人权。"对于强制性支出,其涉及的是纳税人最为基本的权利,需要底线保障,最低支出标准应由中央政府统一规定,各省可以在此基础上根据自身情况调整,但不得低于此标准。根据我国《社会救助暂行办法》第 10 条的规定,最低生活保障标准,完全由省、自治区、直辖市或者设区的市级人民政府确定,不符合上述要求的,应当制定全国统一的最低标准,以保障纳税人最基本的需求。还可以考虑的是,建立强制性支出的清单,列明强制性支出的法律依据、执行主体等,并建立动态调整机制,根据需要适时调整。

为保障政财政资金的合理合法使用,地方政府在财政资金的使用过程中还应遵循一定的程序性要求,如政府采购的信息应当在政府采购监督管理部门指定的媒体上及时向社会公开等①。再者,为维持最低限度之全国一致性,以免地方政府各自为政,于预算编制、执行之专业、技术层面造成过多之分歧,遂行中央之事前规制,由中央财税部门发布诸如各年度"共同性费用编列基准""预算编制作业手册"等,以为统一办理之准据。②

"对裁量行为最重要的制约就是上级对下级通常的监督。监督包括预先的指示、随机抽样制约、下属将棘手问题交给上级机关以及利害关系人向上级申诉。"③ 其中预先指令又称训令,是指上级行政机关为指挥下级行政机关行使权限而发出的命令。只要承认上级行政机关的指挥监督权,即使没有法律的明文规定也理应承认训令。但训令要符合形式要件和实质要件:形式要件,包括具备规定的格式,属于上级机关和上级机关都掌握事务的范围,并不属于应当保障下级行政机关权限行使的独

---

① 参见《政府采购法》第 11 条。
② 参见蔡茂寅《预算法之原理》,元照出版有限公司 2008 年版,第 16 页。
③ [美]肯尼斯·卡尔普·戴维斯:《裁量正义——一项初步的研究》,毕洪海译,商务印书馆 2009 年版,第 161 页。

立性事务等；实质要件，则是内容正当合法。只有两者都满足，下级行政机关才具有服从的义务。① 并且中央财税机关发布的指令在一定程度上具有专业权威。如，《财政部关于印发〈财政部门行使行政处罚裁量权指导规范〉的通知》（财法〔2013〕1号）规定了地方财政部门行使行政处罚裁量权应当遵循的原则、遵守的制度、需要集体讨论的情形、确定财政行政处罚种类和幅度的步骤、确定财政违法行为违法程时考量的因素和不予处罚的情形等。《国家税务总局关于发布〈税务行政处罚裁量权行使规则〉的公告》（国家税务总局公告2016年第78号）明确该规则的目的在于规范税务行政处罚裁量权的行使，其适用于各级税务机关，地方税务机关当然包含于其中，并从原则、裁量基准制定和规则适用等方面进行了规定。

（二）派驻和垂直管理制度

派驻和垂直管理制度，是中央财政权力向地方的延伸。一般来讲，派驻制度主要是为了监督地方财政权力的行使，强调权力的制衡性。派驻机构和人员主动对地方财政进行监督，确保地方政府的财政行为与中央政策相协调、统一，保障中央意图的贯彻。其在信息极其不对称的情况下方可使用。而垂直管理制度则在于中央政府自身行使财政权力，强调权力的专属性。一般是被动地防御地方财政权力对其干扰，防止地方染指该项权力，阻却地方政府对中央利益和纳税人利益的侵夺。其适用于利益容易被隐匿、移转或侵夺的情形。

派驻制度包含两种形式，一种是基于层级化权威的中央代表，其职责涉及财政监督，如印度，联邦政府任命各邦的最高行政长官，其代表中央对地方行使监督权；另一种是基于专业化权威派驻机构和人员对地方或其他使用公共财产的部门和单位进行监督，如我国派驻各地的财政监察专员。在法国，派驻制度有着深刻的历史渊源。为了加强中央对地方的控制，亨利四世向各地派遣被称为"督办官"的特殊专员，负责处理暴乱事件，保证税收，或核查某些特殊的民怨。不过派遣督办官还没

---

① 参见［日］市桥克哉、榊原秀训、本多泷夫、平田和一《日本现行行政法》，田林、钱蓓蓓、李龙贤译，法律出版社2017年版，第73页。

成为一种制度，他们还是出使一方、事毕还朝随即卸任的临时性官职。路易十三为了解决财政问题，将督办官逐渐制度化。起初督办官只是到少数地区定期检查。到了1634年，国王向大部分地区派遣了督办官，他们的职责是监督地方的财政管理，监督收税，将各地的税收情况向中央官员汇报。他们也把大臣的信息传递给地方官员。到路易十四时期，国王将督办官制度固定下来，扩大了督办官的职责范围。1680年，法国到处都实行了督办官制度。督办官不仅要监督财政，而且还要监督地方司法和警察。[1] 时至今日，法国中央政府仍派驻国家代表对地方政府进行监督。而在意大利，事前由派驻各单位的监管官员审查预算计划是否符合规定，以保障预算计划顺利通过，避免可能的失误；事中财政监管则是对地方政府预算执行过程进行监管。[2]

在我国计划经济时期，财政派驻制度被运用到了极致，几乎延伸到经济部门的每一个毛细血管。其在维护财经纪律、保障国家财政收入方面确实起到了重要作用。但对地方政府的财政治理和市场运行造成了过度干预，使整个社会失去了发展的活力。在随后的改革中，派驻制度逐渐消亡。伴随着中央财政规模的增加以及地方滥用、乱用财政权力和浪费财政资金等行为的增加，央地间财政信息不对称日益明显，派驻制度的重要性逐渐凸显。为此，财政部设置了驻各地专员办。为使财政部驻地方财政监察专员更好地发挥作用，可以借鉴意大利的做法，扩充其职权，进行日常监管，过程控制。被派驻人员就地办公，可以比较全面和及时地掌握地方政府的财政信息，基于各地的实际情况做出有效判断和应对，其效率性不言而喻。但派驻机构和人员与被监督对象长期进行业务往来，其各项职能的发挥很大程度也依赖于被监督对象，其独立性可能受到影响。我国古代刺史从派驻人员演变为地方官员，虽受国家治理结构改变等因素的影响，但也在一定程度上说明了地方对派驻机构和人

---

[1] 参见黄凯斌《法国分权改革与地方治理研究》，中国社会科学出版社2012年版，第24—25页。

[2] 参见张晓红《财政监督理论分析与制度优化》，大连理工大学出版社2009年版，第169页。

员的影响。为了防止其独立性受到干扰，可以不按行政区划设置派驻机构，采用划分财政监察区等形式。

垂直管理制度是中央政府通过自身权力为财政行为，防止地方政府对中央财政权力的行使构成侵害，并提高执行效率。"通过垂直管理和组织纵向一体化形成决策权的集中、政策统一，同时，某一领域中央决策权和执行权同属组织系列中，也提升了政策实施效力"①。在美国，联邦政府的许多机构实行垂直管理，由自身的执行机构负责联邦事务。如联邦税务局，负责征收联邦税，并设置税务中心和稽查机构对各地应纳的联邦税进行征收和稽查。②当前，我国国税系统实行的也是垂直管理。而"法国的地方财政监督之所以运行良好，关键条件之一是法国拥有一套完备的公共会计制度，其中支出决策者与公共会计相分离的原则更是整个财政监督体制的基石。法国的中央政府正是通过公共会计来了解并控制地方政府的财政收支活动。所以确立资金支配权与资金管理权相分离的原则，并把资金管理权交给中央政府，加强了中央政府对地方政府的财政监督"③。民国时期，为了制衡地方行政长官的财政权力，建立了超然主计制度。"它的主脑组织——中央主计机关直属于国民政府，各政府机关的岁计、会计与统计人员直接隶属于超然的事务机关——主计机关。主计人员的任免、迁调、训练、考核都由主计处负责主持。不受驻在各机关长官的干预，故能对主计工作保持公正的态度，发挥主计人员制止贪官污吏的浮报虚捏和侵占滥支的作用，且各主计人员可依据会计法及统计法运用其超然独立职权。超然主计制度与法国设立的公共会计作为财政监督的一种方式有着异曲同工之妙。"④考虑到当前我国国情，虽然不一定完全照搬这一制度，但资金支配权与资金管理权分离，由中央政府来行使资金管理权，对于财政资金滥用、乱用和浪费严重以

---

① 李瑞昌：《政府间网络治理：垂直管理部门与地方政府间关系研究》，复旦大学出版社2012年版，第90页。

② 参见熊伟《美国联邦税收程序》，北京大学出版社2006年版，第9页。

③ 魏涛、蔡红英：《地方财政监督体制改革探析——以法国的经验为例》，《财政监督》2014年第3期。

④ 刘孝诚：《中国财政通史·中华民国卷》，中国财政经济出版社2006年版，第67页。

及财政腐败频发的我国来说具有相当的现实意义。

(三) 审批、审核和审查

在地方政府为财政行为前,中央规制机关可以通过许可权的行使,制衡地方政府的财政权力。此种许可通常是地方政府为该行为的效力要件,类似于行政法学理上的许可乃至特许。① 在我国,以审批、审核、核准等字样出现。如,《中共中央、国务院关于治理向企业乱收费、乱罚款和各种摊派等问题的决定》(中发〔1997〕14号)规定:"各省、自治区、直辖市人民政府审批的收费项目和收费标准,要分别征得财政部和国家计委同意。向企业实施罚款,必须严格按照国家法律法规的规定执行。向企业集资,必须依据国家法律法规和国务院的规定进行。向企业收取基金,必须按照规定报财政部会同有关部门审批,重要的要报国务院审批。"《国务院办公厅关于进一步加强涉企收费管理减轻企业负担的通知》(国办发〔2014〕30号)规定:"自本通知印发之日起,新设立涉企行政事业性收费和政府性基金项目,必须依据有关法律、行政法规的规定。对没有法律、行政法规依据但按照国际惯例或对等原则确需设立的,由财政部会同有关部门审核后报国务院批准。"当前,地方政府一般采取《关于请求批准××省×××的请示》的形式,中央政府则通过《……的复函》的形式决定是否同意地方政府为该财政行为。如:甘肃省人民政府《关于请求批准甘肃省农村税费改革试点方案的请示》(甘政发〔2002〕31号),《国务院办公厅关于甘肃省农村税费改革试点方案的复函》(国办函〔2002〕56号)。在日本,《地方税法》第731条规定:"都道府县或市町村要新设或变更法定外目的税时(法定外普通税也一样),必须事先获得总务大臣的同意。"这意味着,对于法定地方税,地方自治团体可以选择适用。如若超出《地方税法》的范围征税,则需经过总务大臣的同意。该种制度主要是获知地方政府即将进行的财政行为,通过许可权的行使,保证其形式上合法,实质上有利于纳税人基本权利的实现。其在地方政府为财政行为前,具有预防的性

---

① 参见蔡茂寅《地方自治之理论与地方制度法》,新学林出版股份有限公司2006年版,第345—346页。

质，对地方财政自主权干预的程度相对较大。

中华人民共和国成立初期，由于复杂的国际和国内形势，百废待兴的现实需要，只有集中力量才能办大事。所以，中央政府对地方政府的财政收支实行严格管控。《省人民政府组织通则》（1950年1月6日政务院第14次政务会议通过）第4条第6项规定，省人民政府委员会在国家概算或预算规定的范围内，编制各该省的概算或预算和决算报请大行政区人民政府委员会审核转报中央核准，并审核所辖县、市的概算或预算和决算转报大行政区转请中央核准。从该条款的规定来看，县、市、省政府对概算或预算和决算具有编制权，但都必须经过中央政府的核准。而随着经济社会的发展，地方财政治理能力的提高，应当逐步减小许可权的适用范围。由中央审批、审核或核准的事项必须是重大的，可能会对纳税人权益产生重大影响。在有其他可替代措施达到同等效果的情况下，应优先使用其他替代措施，并且所有需要由中央政府许可的事项都应以法律规定为限。

备案审查制度主要是由地方政府向中央政府提供财政信息以备中央政府审查。有权的地方机关将其制定的财政法规和作出的决议、决定和命令等依照法定的期限和程序报送中央规制机关备案，由接受备案的机关进行分类、存档，依法对其进行审查并做出处理。[①] 例如，根据《预算法》第81条和第82条的规定，省、自治区、直辖市政府应当将经批准的决算及下一级政府上报备案的决算汇总，报中央政府备案。如若中央政府对省、自治区、直辖市政府报送备案的决算，认为有同法律、行政法规相抵触或者有其他不适当之处，需要撤销批准该项决算的决议的，应当提请全国人大常委会审议决定；经审议决定撤销的，省、自治区、直辖市人大常委会应当责成本级政府重新编制决算草案，提请本级人大常委会审查和批准。当前的备案审查制度主要存在立而不备、备而不审、审而不决、决而不刚等问题，解决的方案在于建立备案回执制、

---

① 参见本书编写组《规范性文件备案审查制度理论与实务》，中国民主法制出版社2011年版，第24页。

备案审查机关负责制以及扩大处理机关的处理权限等。①

（四）巡视、执法检查、行政督查、财政检查、审计和考核等

当前，巡视是我国党内监督的重要方式。《中国共产党巡视工作条例》第13条将中央巡视的对象和范围设定为省、自治区、直辖市党委和人大常委会、政府、政协党组领导班子及其成员，省、自治区、直辖市高级人民法院、人民检察院党组主要负责人，副省级城市党委和人大常委会、政府、政协党组主要负责人，巡视内容涉及违反廉洁纪律，以权谋私、贪污贿赂、腐化堕落等与财政相关的问题。但巡视并非党内监督的专属方式。"中国古代行政系统的巡视又称巡察、巡查、巡行、循行，是行政监察的重要组成部分，也是行政监察的重要方式之一。巡视不同于一般意义上的监察活动，而是指通过巡行这种方式进行的、以纠察百官、扬清涤恶为主要目的的巡察巡视活动。中国古代的巡视主要有帝王亲巡、帝王遣使巡视、中央监察机构对地方进行巡察，以及地方行政长官和监察机构对所属州县巡视四种主要形式。以定期或不定期的行政巡视方式，自上而下地对行政及吏治状况进行明察暗访，举报弹纠，以保证中央政府的政令制定和贯彻执行，惩罚儆戒官员违法乱纪，在监察官吏、反腐肃贪和维护吏治清明等方面起到了积极的作用。"② 在巡视制度中，监察御史扮演着重要的角色。"监察御史，掌分察百僚，巡按郡县，纠视刑狱，整肃朝仪。凡将帅战伐，大克杀获，数其俘馘，审其功赏，辨其真伪；若诸道屯田及铸钱，其审功纠过亦如之。"③ 如，明正德朝"右佥都御史韩雍巡江西，遇岁饥，减免秋粮，并劾奏宁王不法事，王府官皆得罪"④。演变至今，监察的很多职能已被分解，其中行政监察承接了主要职责，但其权限大为缩减，已经无法适应地方财政腐败的严重形势。2016年10月召开的党的十八届六中全会提出，各级党委应当支持和保证同级人大、政府、监察机关、司法机关等对国家机关及

---

① 参见石维斌《我国法规备案审查的问题与对策》，《人大研究》2007年第6期。
② 国瑞巡：《历代巡视与巡察》，《中国纪检监察报》2016年11月7日第8版。
③ 《唐六典》卷13《御史台》。
④ 《明史》卷179《韩雍传》。

公职人员依法进行监督，2016年11月中共中央办公厅印发了《关于在北京市、山西省、浙江省开展国家监察体制改革试点方案》，2016年12月第十二届全国人民代表大会常务委员会第二十五次会议通过了《全国人大常委会关于在北京市、山西省、浙江省开展国家监察体制改革试点工作的决定》，人大选举产生"一府一委两院"的格局逐渐显现。2018年3月20日第十三届全国人民代表大会第一次会议通过的《监察法》，更是将这一模式确定下来。行政监察上升为国家监察，监察委员会也将发挥更大功能。鉴于巡视作为中央监察权行使方式具有历史渊源，地方财政腐败问题严重和监察委员会职权扩大的现实需要，有必要将其作为一种执行职权的方式。

执法检查是全国人大常委会行使监督权的重要方式。"身兼立法者和监督者的全国人大常委会在此过程中并不停留于对某种行为、某一个案的检视，而是从根本上追问和检讨为什么一部法律无法得到实施并在此基础上探究完善实施机制的途径。它的侧重点在于在确保合法性的前提下通过各种途径提高执法的有效性。"[①] 根据《各级人民代表大会常务委员会监督法》第22条的规定，全国人大常委会应当有计划地对有关法律、法规实施情况组织执法检查。以《全国人大常委会2016年监督工作计划》为例，其包括对《食品安全法》《水法》《促进科技成果转化法》《环境保护法》《道路交通安全法》和《安全生产法》六部法律的检查。例如，对《环境保护法》的检查，其重点检查各地各部门宣传贯彻和推进实施环境保护法工作进展情况，主要法律制度的落实情况等，研究提出进一步推进实施环境保护法的意见和建议。执法检查在促进包含财政法律在内的各法律落实方面起着十分重要的作用。但需要明确的是，执法检查的目的在于保障法律的落实，而非其他；检查的主体是全国人大常委会和专门委员会，检查的对象是各级地方政府及部门，而非纳税人；检查方法要多元，实地检查、询问和阅卷等方式并用；执法检查后形成的建议措施要具有现实针对性和可操作性。

---

① 林彦：《全国人大常委如何监督依法行政——以执法检查为对象的考察》，《法学家》2015年第2期。

在我国，行政督查的主要任务在于推动国家重大决策部署的贯彻落实，具体内容包括法律法规、规范性文件贯彻落实情况的督促检查；政府会议决定事项贯彻落实情况的督促检查；政府领导同志批示和交办事项贯彻落实情况的督促检查。① 以国务院开展的第三次大督查为例，督查的重点内容是保持经济平稳发展、推进供给侧结构性改革、促进创新驱动发展、保障和改善民生。② 为配合国务院第三次大督查的开展，中国政府网上开设了"我为督查提建议"专栏，进一步明确了本次督查的方向，其中有五项直接或间接涉及地方政府的财政行为③，既包括地方政府是否存在乱收费行为，也包括地方财政支出是否到位、是否合理。为开展实地督查，国务院于 2016 年 9 月 18 日派出 20 个督查组赴各地区和国务院有关部门。除实地督查外，督查制度的工作机制还包括限期报告制度，即中央政府印发重要文件、召开重要会议、作出重要部署后，地方政府和有关部门要按规定时限报告贯彻落实情况；中央政府领导同志的重要批示和交办事项，有关地方和部门要按时限办结并报告办理情况。④ 由此看来，督查制度，除发现功能外，其还具有督促地方政府落实中央政策的重要功能。但是，当前"行政督查执法'无法可依'，执法依据停留于非法源性的'其他规范性文件'这一低层次，这样势必带来诸多弊端，譬如督查执法机构和执法人员主体资格缺乏法律授权、督查职权和内容没有法律依据、督查程序和形式无法可循等。与'依法行政'的法治化要求相去甚远"⑤。还有就是督查内容本身的合理

---

① 参见《国务院办公厅关于进一步加强政府督促检查工作的意见》（国办发〔2014〕42 号）。

② 参见《国务院关于开展第三次大督查的通知》（国发明电〔2016〕4 号）。

③ 地方政府或相关部门的乱收费、乱检查的情况，地方政府或相关部门拖欠企业工程款、物资采购款、保证金的情况，在创就业中遇到的国家政策措施没有得到落实的情况，地方政府或相关部门不作为、慢作为的情况，相关政策不配套、不衔接、不一致的情况。

④ 参见《国务院办公厅关于进一步加强政府督促检查工作的意见》（国办发〔2014〕42 号）。

⑤ 盖威、郭圣莉：《行政督查法治化的现实问题、理论依据及路径研究》，《中国行政管理》2015 年第 2 期。

合法性，这是本源性问题，督促的事项必须有法律明文规定或其他为了公共利益等正当化基础。并且还要明确行政督查的主体、职能、权利义务、程序、形式、方式和法律责任等，推动行政督查的法治化。

中央财税机关对地方政府的财政检查多以专项检查为主，以获知地方财政某一方面或多个方面的情况。以2015年财政部开展的地方预决算公开情况专项检查为例，财政部对地方政府检查的主体为财政部驻各地专员办；检查的对象为各专员办所在地的省（区、市）本级，并抽查两个地（市、州、盟，各省、自治区的省会城市必查）和两个县（市、区、旗）；检查的内容为《预算法》颁布以来地方各级政府预决算、部门预决算、"三公"经费预决算公开情况的事项；检查的依据为《预算法》等。① 对各地检查后，财政部于2016年9月8日通报了《关于地方预决算公开情况的专项检查结果》，公布了地方政府在财政公开方面的诸多问题。本次检查，从启动到最后结果的公布，运行相对规范，以后的财政检查应当遵照此种方式进行。对于财政检查本身而言，要注意的是，要有法律依据、明确的检查目的、检查对象、检查内容和程序等，检查人员应当携带相关检查文书。另外，为保持检查的客观性，在遴选检查人员时应当避免选用与相关地方政府具有利害关系的人员，地方政府也可以对检查人员的组成提出异议或提请有关人员回避。

政府审计乃指审计机关依法定职权及相关公共财务管理法规，对公部门财务行政事项之记录、报告与凭证等，审查其是否具有合法性、效能性，以鉴定其收支事项之正确程度，考核作业效能并提供改进意见，其有财政监督之功能。② 根据我国《审计法》第16条的规定，中央审计机关有权对省、自治区、直辖市预算的执行情况和决算以及其他财政收支情况进行审计监督。中央审计机关通过独立公正地核查地方治理各领域各类经济活动的真实性、合法性、有效性，摸清真实情况、揭示风险隐患、反映突出问题、分析体制机制性障碍和制度性缺陷，并推动问

---

① 参见《财政部关于开展地方预决算公开情况专项检查的通知》（财监〔2015〕84号）。
② 参见黄俊杰、黄靖祎《政府审计之研究》，《中正财经法学》2011年第2期。

题的及时有效解决，即发挥预防、揭示和抵御的"免疫系统"功能。[①] 以 2016 年第三季度国家重大政策措施贯彻落实跟踪审计为例，审计中发现有些地区在财政资金统筹盘活、扶贫政策措施落实、深化"放管服"改革、涉企收费清理规范方面和重大建设项目实施等方面存在诸多问题，并针对这些问题提出了相关建议。但中央审计机关的审计与中央财税机关对地方财政的检查在某些方面存在重复监督，需要进行有效协调。

除以上方式之外，还有视察和调研等手段。视察一般是对地方政府的真实情况进行了解，并督促地方政府有效开展工作。视察主要分为领导人的视察和人大代表的视察。领导人的视察除了解地方的实际情况和督促地方政府更加有效的履职外，还有政策宣导的作用，具有重要的政治意义。人大代表的视察主要是了解情况，发现问题。根据《全国人民代表大会和地方各级人民代表大会代表法》第 22 条的规定，全国人大代表可以根据全国人大常委会的安排，视察地方政府的财政工作，并提出建议、批评和意见。而调研主要是对政策实施情况和当地实际情况进行详细了解，以备政策出台或调整政策之需。其并不与其他检查手段一般，提出具体的处理意见或建议等，只是获知具体的情况。

对地方政府的考核在于中央政府通过考核指标的设定、政府绩效的评估、考核后职位调整等，评价和约束地方政府和公务人员的财政行为。既可以通过考核指标的设定和变化发挥导向性作用，也可以通过晋升等方式间接调控地方政府的财政行为。一般来说，列入考核指标的内容，地方官员相对比较重视。考核指标应当及时反映经济社会发展的状况，随着政治经济形势的变化而变动。如贞观年间，由于经济凋敝，户口减损，唐太宗曾下诏："刺史县令以下官人，若能使婚姻及时，鳏寡数少，户口增多，以进考第；如其劝导乖方，失于配偶，户口减少，以附殿失。"[②] 安史之乱后，为了发展生产，招辑流亡，唐代宗曾两次下

[①] 参见刘家义《国家治理现代化进程中的国家审计：制度保障与实践逻辑》，《中国社会科学》2015 年第 9 期。

[②] 《册府元龟》卷 635《铨选·考课一》。

诏："刺史县令宜以招辑户口、垦田多少，用为殿最。"① 而指标的落实情况如何，须通过对政府绩效的评估才能获知。考核的结果作为奖罚和职位调整的依据，奖罚和职位调整是考核的最后结果。"唐代继考课以后的奖惩条例细致周密，种类繁多。大致有职位变动、品阶升降、俸禄增减、荣辱与夺等。"② 贞观二十年，巡察使进奏地方官员考课等第后，唐太宗亲自决断："以能进擢者二十人，以罪死者七人，流以下除免者数百千人。"③ 目前，我国考核制度最主要的任务在于，建立以基本公共服务均等化为导向的地方政府绩效评估体系，尽可能全面地把各项事关居民福利和社会发展的经济、社会指标纳入其中，改变以经济增长为主的单一绩效评估指标体系，将有限的财政资源用于真正符合居民公共需求和有助于国民经济健康发展的领域。④《中共中央办公厅、国务院办公厅关于印发〈省级党委和政府扶贫开发工作成效考核办法〉的通知》（2016年〔厅字〕6号）将扶贫列入考核指标，并细化相应的内容，体现了对纳税人生存权和发展权的保障。

（五）改变、撤销和附带性审查

中央政府通过撤销权和改变权的行使，对地方政府关于财政的立法、决议、决定和命令进行矫正，具体包括合法监督和专业监督两种。根据《宪法》第67条第8项、《立法法》第97条第2项、《各级人民代表大会常务委员会监督法》第30条和《预算法》第20条第2款等的规定，全国人大常委会享有对以下内容的撤销权：省、自治区、直辖市国家权力机关制定的同宪法、法律和行政法规相抵触的关于财政的地方性法规、决议和决定和其作出的超越法定权限，限制或者剥夺纳税人合法权利，或者增加纳税人义务以及有其他不适当情形的决议和决定。根据《宪法》第89条第14项、《立法法》第97条第3项和《预算法》第23条等的规定，国务院有权改变或者撤销地方政

---

① 《册府元龟》卷635《铨选·考课一》。
② 余华青主编：《中国古代廉政制度史》，上海人民出版社2007年版，第201页。
③ 《资治通鉴》198卷《唐纪十四》。
④ 参见张恒龙、高洪军《完善政绩考核体系规范地方政府行为》，《地方财政研究》2009年第5期。

府关于财政不适当的政府规章、决定和命令。中央政府行使撤销权和改变权有三个重要的问题需要解决：第一，必须保障宪法、法律和行政法规是良法；第二，不适当的定义不能过于模糊，需明晰判断的标准和具体内容，而且对于地方财政自主权的核心领域一般只为合法性监督，而不以专业监督为口实进行正当性评判；第三，要增强中央政府监督的主动性。

司法权具有中央专属性，对地方财政行为进行裁决和审查属于中央规制的一种。"除了美国、墨西哥和巴西外，多数联邦制国家都只有一套统一的司法体系。前三个国家尽管有联邦与地方两套平行的司法体系，但这和两套政府、两套立法体系的意义也大不一样。尽管存在司法管辖权的界定，但这种界定的意义主要不是条块的划分而是层次的划分。最高法院凭借宪法最高权威凌驾于一切法院之上，终审权在任何意义上都不可能以州权的名义或地方的民意去对抗。在统一的宪法权威和司法标准上，是没有州权可言的。联邦主义把这种地位交给了在本质上具有否定性的司法权。在联邦主义观念下，所谓统一很大程度上是法治和宪政的统一，在技术上则表现为司法的统一。"[1] 我国正在进行的司法改革具有明显去地方化，走向司法统一的趋势。根据《行政诉讼法》第53条第1款[2]的规定和《最高人民法院关于适用〈中华人民共和国行政诉讼法〉若干问题的解释》（法释〔2016〕9号）第21条[3]的规定，人民法院可以对地方政府的财政规范性文件进行附带性审查，可以作出不适用的裁判并向制定机关提出处理建议。

---

[1] 王宗文：《权力制约与监督研究》，辽宁人民出版社2005年版，第123页。

[2]《行政诉讼法》第53条第1款规定："公民、法人或者其他组织认为行政行为所依据的国务院部门和地方人民政府及其部门制定的规范性文件不合法，在对行政行为提起诉讼时，可以一并请求对该规范性文件进行审查。"

[3]《最高人民法院关于适用〈中华人民共和国行政诉讼法〉若干问题的解释》第21条规定："规范性文件不合法的，人民法院不作为认定行政行为合法的依据，并在裁判理由中予以阐明。作出生效裁判的人民法院应当向规范性文件的制定机关提出处理建议，并可以抄送制定机关的同级人民政府或者上一级行政机关。"

(六) 一般转移支付、责令改正、代为履行

"实践证明，优质的公共服务有利于提升其国民的国家认同。"[①] 中央政府通过一般转移支付等手段矫正各地公共服务不均衡的状况，促进基本公共服务均等化，提升贫困地区公共服务的水平，有利于增强国家凝聚力。为此，大部分国家基于本国的实际情况通过一般转移支付等手段努力实现均等化，但做法不同、效果不一。在泰国，同一层级的区政府和市政府相比，其财政自主的程度和能力都要弱于市政府，而且这种差异程度在其东北地区更大。如此状况表明各地方政府之间的财政分权存在差异性。除此之外，虽然中央政府通过转移支付起到一定的均衡作用，但地方政府财政能力的差异性依旧很大。[②] 在印度，联邦政府通过税收分成、转移支付和贷款等方式来平衡各邦的财力，在中央向地方进行财政转移支付时，特别强调分配方式的透明化和制度化。其做法：第一，成立一个相对独立的财政委员会来决定中央和地方之间的财政分权和中央对地方的财政援助，其根据宪法规定而设立，其委员由总统任命，由五人构成，主席一人，财政委员会的委员并不是现职的政府官员，而主要是著名学者如大学教授，还包括部分卸任的相关部门官员；第二，财政委员会在决定财政转移支付时，其所考虑的因素及其权重从第一届到第十三届财政委员会都予以公开，从而有较好的透明度（见表1-4）。并且，各邦所获得的人均转移支付与其人均 GDP 水平之间显著负相关，具有一定的平衡作用。[③] 另外，一些发达国家的一般转移支付具有法治化程度高、分配相对合理等特点（见表1-5）。

[①] 彭庆军：《以公共服务促国家认同——后游牧时代少数民族牧民国家认同构建研究》，人民出版社2016年版，第43页。

[②] See Hiroko Uchimura, *Fiscal Decentralization and Development: Experiences of Three Developing Countries in Southeast Asia*, Basingstroke: Palgrave Macmillan, 2012, p.189.

[③] 参见国务院发展研究中心《印度中央地方间公共事务的划分及财力平衡机制》，调查研究报告2010年第61号。

表 1-4　　印度财政委员会决定各邦财政转移的因素及权重

指标	权重（%）
人口	10.0
收入	62.5
面积	7.5
基础设施	7.5
税收的努力程度	5.0
财政纪律	7.5
合计	100

资料来源：See Financial Commission（2009），Thirteen Financial Commission Report。

表 1-5　　典型国家财政均等性转移支付的特点

特点	澳大利亚	加拿大	德国	瑞士
目标	在相同的税收努力程度和相同的运行效率下，为相同标准的服务提供财力	在各省之间征收合理的、有比较性的税收，并提供合理的、具有比较性的公共服务	平衡各种之间的财力差异	提供可接受的某种公共服务的最低标准，同时不给某些行政区带来过高的税收负担
法律规定	联邦法律	宪法	宪法	宪法
立法机关	联邦议会	联邦议会	联邦议会，并由上院提议	联邦议会
资金分配	根据公式	根据公式	根据公式	根据公式
财政均等化	是，代表性税收体系	是，代表性税收体系	是，实际的税收收入	是，主要的宏观税基
解决争端	最高法院	最高法院	宪法法院	最高法院

资料来源：［美］罗宾·鲍德威、沙安文主编：《政府间财政转移支付：理论与实践》，庞鑫等译，中国财政经济出版社 2011 年版，第 40 页。

鉴于当前我国一般转移支付规范性差、均衡性效果不足等问题，应当采取如下措施：加快转移支付的立法进程，依法管理中央转移支付，以减少或杜绝转移支付制度运行中的主观性以及各种人为因素的干扰，确保中央转移支付运行的规范性与制度化。将政府间转移支付的目的、范围、计算均等化拨款的技术参等均以法律的形式加以明确规范。取消税收返还等形式，回归转移支付制度的本质，将中央转移支付的目的限定在实现基本公共服务均等化上,并根据各种因素确立中央转移支付的标准。①

责令改正的主要作用在于对地方财政违法状态的排除。《预算法》第92条到第95条列举了各种财政违法行为,如各级政府及有关部门未依照《预算法》规定,编制、报送预算草案、预算调整方案、决算草案和部门预算、决算以及批复预算、决算等,均适用责令改正。正确适用责令改正,需满足基本要件。其中包括实质要件、形式要件、程序要件和期限要求等。实质要件在于中央政府具有监督管理的职权、地方政府存在财政违法行为、地方政府理论上能够改变财政违法行为;形式上中央政府应当以书面形式发出责令改正通知书;程序上,给予地方政府陈述和申辩的机会;责令改正应当有一定的期限,否则,违法状态的持续存在可能损害中央政府和纳税人的利益。②

代为履行,意味着中央直接派出机构或人员代替地方政府执行某些或全部财政事务,对地方政府运行和纳税人的权益影响重大,也涉及对地方民主的舍弃等问题。所以,对该权力的行使,必须慎之又慎,只能在极端情况下作为最后手段使用。其有着严格的适用条件,地方政府应当依法作为而不作为,严重危及纳税人利益或妨碍地方政府正常运作,中央政府责令改正,逾期仍不改正;或处于十分紧迫的状态,如若中央政府不及时介入将有可能造成严重后果。③出现这些情形,中央政府派出机构或人员接替地方政府的行政首长或其他重要人员的职务,由其代行各种职权。待该情形消除后,中央政府必须立即解除对地方的接管,还政于地方。

(七)课责

"自1990年代的公共管理(New public management)观念受到重视以来,课责已成为追求良善治理的中心原则,亦是各国政府所追求的目

---

① 参见景婉博《中日转移支付比较研究》,中国财富出版社2015年版,第184—189页。
② 参见李孝猛《责令改正的法律属性及适用》,《法学》2005年第2期。
③ 参见黄锦堂《地方制度法》,元照出版有限公司2012年版,第441页。

标。"① 人民将国家权力授予国家各机关,使各机关的存在及执行公权力取得"形式合法性",但毕竟人民对公权力之付托,尚有更高度的期望,即借由机关总体力量的积累与形成,能够更多促进公共利益,保护个人权益的事情。此为公权力机关存续的"实质正当性"。倘若国家机关未充分实现公权力的"实质正当性",甚或扭曲公权力造成人民权益上不必要的损害等,此时就会产生责任问题。② 所以,"任何政府都需要建立一套责任机制,只有这样才能获得广泛的社会支持。对任何主张民主的社会来讲,责任都是一个基本要素。这句话反过来或许更有说服力,即:要成为民主社会,就需要一套适宜的责任机制。政府组织由公众产生,为公共服务,并对公众负责"③。

服从责任中,课责的前提是政府有责,而政府责任的落实有赖于课责体系的完善和有效运转。在财政领域,有责是指地方政府的财政责任,课责是通过财政法律责任惩处地方政府和公务人员。财政责任在于明晰地方政府在财政领域的职责;而财政法律责任则在于通过法律责任的设定,完善惩罚体系,形成对地方财政行为的有效约束。地方政府的财政责任,是判断地方政府在财政领域是否存在不适当履职、不履职和正当履职的依据,而地方政府的财政法律责任是促使地方政府正当履职的保障。从中央政府层面来说,明晰地方政府的财政责任,可以基本确定中央规制的核心内容;建构地方政府的财政法律责任体系,为中央规制的运行提供强有力的保障。没有法律责任作为坚强的后盾,再完美的中央规制体系,也只是人们勾勒出来的美好图景,很难产生实际效应。并且,只有责任追究到位,才能保障地方政府在法治轨道上切实履行其职能。在整个中央规制体系中,引导、约束、发现、矫正和救济等机制的运行以地方政府的财政责任为依据,财政法律责任为保障。以发现机制为例,通过发现机制了解的地方财政问题,其源头在于地方政府不适

---

① 苏彩足、刘志宏、郭乃菱等:《财政透明与公共课责之研究》,"行政院"发展考核委员会编印 2013 年版,第 8 页。

② 参见李惠宗《行政法要义》,元照出版有限公司 2013 年版,第 633—634 页。

③ [奥]欧文·E. 休斯:《公共管理导论》,张成福、王学栋等译,中国人民大学出版社 2007 年版,第 279 页。

当或不履行其法定的财政责任；问题被发现以后，对地方政府和公务人员的处理要按照其财政法律责任进行。当然，发现机制也包含发现正当有效履职的地方政府和公务人员，按照相应规则给予奖励。所以，需要明晰地方政府的财政责任，完善地方政府的财政法律责任，以责任机制为驱动，推动地方政府积极履行财政职责，提高公共福祉。

在财政领域，地方政府对公众负责的表现就是切实履行其财政责任，回应纳税人公共服务的需求，促进纳税人基本权利的实现。但不同时期，政府职能有不同的形态，地方政府的财政责任也存在很大差异。"新中国成立以来，中国政府的职能形态经历了两次转换，形成了三种形态：第一种形态就是以政治职能为轴心整合经济和社会职能，这种形态出现在改革开放前。第二种形态来自改革推动。为了适应改革开放提出的经济建设和发展的需求，政府的工作重心从阶级斗争转向经济建设，于是政府的职能状态，就从以政治职能为轴心整合经济和社会职能转变为以经济职能为轴心整合政府与社会管理职能，从而完成了政府职能形态的第一次转换。第三种形态出现在市场经济发展孕育充满矛盾的现代社会的时候。为了保障现代社会的有效成长，建设和谐社会，政府的职能形态，就不得不从以经济职能为轴心整合政府与社会管理职能，转变为以社会管理为轴心整合政治与经济职能。这是中国政府形态的第二次转换。"[①]

在以社会管理为轴心整合政治与经济职能的时期，地方政府的主要财政责任是在合理征税水平上提供优质的公共服务。对此，可以从以下几个维度进行观测：第一，财政收支结构的合理性。重点财政收入是否符合公平原则，财政支出是否符合公共原则；第二，财经纪律的遵从度。遵守财经纪律的关键是，地方政府的财政活动依照预算规则进行，接受财政利益相关者的监督；第三，财政支出绩效。地方政府接受纳税人的委托，提供公共服务并花费财政资金，其最终的效果如何，是纳税人最为关切的；第四，财政风险的等级。纳税人将治理权力赋予地方政

[①] 林尚立：《民主的成长：从个体自主到社会公平》，载陈明明《权利、责任与国家》，上海人民出版社2006年版，第375—376页。

府，其目的在于维持公共服务的稳定性，如果财政风险等级较高，势必会对这种稳定性产生影响。因而，财政风险的等级也是纳税人关切的重点。第五，财政透明度。纳税人享有知情权，财政信息的获取程度决定了纳税人知情权的程度。而且财政信息是财政问责的前提。① 通过这些内容，可以大致判断地方政府是否切实履行了其财政责任。

如若地方政府不切实或不履行其财政职责，须对其课责。"凡是存在法律的地方，就必定有以威胁为后盾、被普遍遵从的普遍命令；而且，也必定有一种普遍的确信，即确信如果拒不服从，这些作为后盾的威胁就可能被付诸施行。"② "制裁为一种手段，其本身非目的，确保法律之效力乃其目的。盖国家颁布法律，期在人人遵守，以维护公共秩序，因此对于作奸犯科，或其他破坏法律秩序者，必须加以制裁，否则法律之效力不能确保，何取乎有此具文？"③ "没有惩罚的制度是无用的。只有运用惩罚，才能使个人的行为变得较可预见。"④ 对于地方政府和公务人员也是如此。我国《宪法》第5条第4款规定："一切国家机关和武装力量、各政党和各社会团体、各企业事业组织都必须遵守宪法和法律。一切违反宪法和法律的行为，必须予以追究。"其为对地方政府和公务人员的财政违法行为进行惩处，建立财政法律责任体系提供了宪法依据。

当前，"国家管理模式中的法律责任体系失之片面，公法重职权、轻职责，重追究个人违法责任、轻追究国家机关违法责任。有鉴于此，公共治理的责任体系应当力求全面，无论是个人或组织滥用权利都应当承担违法责任，无论是国家机关还是社会自治组织违法行使职权都应当依法承担违法责任。公法只有首先遵循权责一致原则，建立一套与职权

---

① 参见付景涛、倪星《地方政府财政责任机制及变迁研究》，《当代财经》2012年第8期。

② [英]哈特：《法律的概念》，张文显、郑成良、杜景义、宋金娜译，中国大百科全书出版社1996年版，第27页。

③ 郑玉波：《法学绪论》，三民书局股份有限公司2013年版，第94页。

④ [德]柯武刚、史漫飞：《制度经济学——社会秩序与公共政策》，韩朝华译，商务印书馆2000年版，第32页。

相称的职责、与权利相称的义务体系，以此为前提，才能建构一种严密、分散、多样化的公共治理责任机制"。延伸到财政领域，就是建构完善的财政法律责任体系。现今，我国财政法律责任呈现如下图景：法律位阶低；责任形态过于单一，没有充分体现财政的利益特性；责任的相关规定分布过于分散、缺乏系统性等。首先，《预算法》《税收征收管理法》等法律仅涉及部分财政违法行为，且多为原则性规定，其他违法类型和责任主要规定于行政法规、部门规章、规范性文件中，如《财政违法行为处罚处分条例》《违反行政事业性收费和罚没收入收支两条线管理规定行政处分暂行规定》和《税收违法违纪行为处分规定》（监察部、人力资源和社会保障部、国家税务总局令第26号）等。而财政法律责任是财政制度实施的基本保障，其属于财政基本制度。根据《立法法》第8条的规定，财政基本制度属于法律保留事项，财政法律责任当然应由法律对其进行规定。其次，地方政府和公务人员的财政法律责任与其他行政违法行为的法律责任并无二致，对地方政府囿于承担赔礼道歉、承认错误、恢复名誉、消除影响、返还财产与折价赔偿、恢复原状、停止违法的财政行为、撤销违法的财政行为、履行职务、纠正不当的财政行为、行政赔偿等责任[①]，对公务人员主要集中于并不全面的行政处分。责任形态过于单一，体现不出财政的利益特性，无法对地方政府和公务人员的财政行为形成有效约束。再次，财政法律责任散见于《预算法》《税收征收管理法》《审计法》《监察法》《行政诉讼法》《公务员法》《财政违法行为处罚处分条例》《行政机关公务员处分条例》《违反行政事业性收费和罚没收入收支两条线管理规定行政处分暂行规定》《国务院关于坚决打击骗取出口退税严厉惩治金融和财税领域违法乱纪行为的决定》（国发〔1996〕4号）和《税收违法违纪行为处分规定》（监察部、人力资源和社会保障部、国家税务总局令第26号）等不同类型和不同位阶的法律规范中，很难做到各违法类型和法律责任之间的无缝对接和整体化运用。另外，在财政法律责任的追究中，存在责任追究不到位、透明度低等问题。例如，2016年9月8日，财政部对外公

---

① 参见姜明安、余凌云主编《行政法》，科学出版社2010年版，第577—578页。

布的《关于地方预决算公开情况的专项检查结果》显示,财政部驻各地财政监察专员办事处和地方政府财政部门已依法下达了处理决定,但这里依据的是什么法,做出了怎样的处理决定却讳莫如深。

"国家大事,惟赏与罚。赏当其劳,无功者自退;罚当其罪,为恶者咸惧。"① 所以,许多国家努力建构完善的财政法律责任体系,以推动其财政治理的有效开展。加拿大制定了《政府责任法》、新西兰1994年通过了《财政责任法案》、澳大利亚有《预算诚实宪章》、巴西颁布了《财政责任法案》等法律。另外,"波兰十分重视对违法违纪问题的处理和落实《公共资金法》的规定,对挪用财政资金的单位予以经济处罚,并明确单位负责人为直接责任人。为了落实对直接责任人的处罚,波兰财政部内部设立了专门机构——公共资金纪律委员会,根据不同的违法违纪行为对相关直接责任人分别做出处理:罚款、扣发工资等经济处罚;调离岗位、降级等行政处罚;发布公告,将直接责任人的违法违纪行为公开曝光;触犯刑法的移交司法机关"②。

对于地方政府,完备的财政法律责任体系,除赔礼道歉、承认错误、恢复名誉、消除影响、返还财产与折价赔偿、恢复原状、停止违法财政行为、撤销违法财政行为、履行职务、纠正不当财政行为、行政赔偿等责任外,还应包括警告或通报批评、信用减等、罚款、没收违法所得、扣减中央补助款、停止其某项资格等形式。当前,《预算法》中的财政法律责任形式有追回骗取、使用的资金、没收违法所得、对单位给予警告或者通报批评等。《财政违法行为处罚处分条例》包括追回有关财政资金、限期退还违法所得、没收违法所得、对单位给予警告或者通报批评等。与《财政违法行为处罚处分条例》相比,已经失效的《国务院关于违反财政法规处罚的暂行规定》(国发〔1987〕58号)还规定了罚款(罚款金额一般不超过违反财政法规款额;情节特别严重的,最高不超过违反财政法规款额的五倍),适用于各种违反财政法规的行为。

---

① 《贞观政要》卷3《择官》。
② 贺邦靖主编:《国外财政监督借鉴》,经济科学出版社2008年版,第72—73页。

公务人员的财政法律责任，包括行政处分、赔偿等，构成犯罪的，还要承担刑事责任。对公务员进行惩戒，源于其违法、废弛职务或其他失职行为。完善对公务员的惩戒体系，主要目的在于促使被惩戒者反省，以免重蹈覆辙。① 例如，2017年3月，财政部披露，由于重庆市黔江区违法违规举债担保，黔江区财政局局长卢某被行政撤职。"根据世界上其他国家的做法，完整的行政责任承担方式主要有三种类型：一是精神处分，包括通报批评、警告、严重警告、训诫、记过、记大过等；二是职务处分，包括停职、降职、免职、撤职、调离、强制退休、开除或解雇等；三是薪俸处分，包括减薪、停薪、罚薪、停发补贴、减少退休金等。"② 使用不同的责任承担方式，是各国基于本国国情做出的选择。

于我国而言，不可能完全照搬，但对一些能够对地方财政运行起到良好效果，又与我国制度环境相适应的方式，可以借鉴和吸纳。结合我国财政治理的实际情况，宜将通报批评、罚薪等纳入财政责任法律体系，善加利用调离岗位等方式，进一步完善公务人员的赔偿制度。通报批评是有权机关在会议上或文件中公布对某公务员的批评，具有广而告之的效果，相比警告而言，其警示效果更强。而罚薪和赔偿制度，能够较好地体现财政的利益特性，需善加利用。日本《地方公务员法》第29条就规定，对于地方公务员如违反职务方面的义务，或玩忽职守，或有作为整体服务人员不相符的不良行为时，将给予警告、扣工资、停职或免职处分。未尽注意义务造成公共财产的不当减损或执行公务时，因故意或过失非法对他人加以损害，即发生对国家、地方公共团体的赔偿责任。《地方自治法》第243条对地方公务员赔偿责任有所规定。③ 当前，根据我国《公务员法》和《行政机关公务员处分条例》等的规定，对于公务人员的行政处分仅仅包括警告、记过、记大过、降级、撤

---

① 参见林明锵、蔡茂寅《公务员法》，载翁岳生《行政法》（上），元照出版有限公司2006年版，第331页。
② 陈党：《行政问责法律制度研究》，博士学位论文，苏州大学，2007年，第96页。
③ 参见陈大柔编著《日本地方政府管理》，科学出版社2014年版，第86页。

职、开除,并不包括罚薪等。而对于公务人员,课以一定的经济处罚,我国古来有之,称为罚俸制(见表1-6)。北洋政府时期先后颁布了《文官惩戒法草案》《知事惩戒条例》《文官惩戒法暨知事惩戒条例暂行办法》,其处分类别增至褫职并夺官、降职并降官、解职、降官、降等、减俸、记过和记大过八种。① 已经失效的《国务院关于违反财政法规处罚的暂行规定》(国发〔1987〕58号)第5条曾规定对违反财政法规行为的直接责任人员和单位行政领导人,根据事实和情节给予罚款(最高不超过相当于本人三个月的基本工资)。再者,财税岗位,与国家利益和纳税人利益息息相关,对执行具体事务的公务人员有较高的伦理要求,而且要求其具备相应的专业知识和技能。对不适宜的公务人员调离,可以较为有效地防止财政利益的减损,并提高财税机关的服务水平。《税收征收管理法》第82条第2款对此也作出了规定,税务人员滥用职权,故意刁难纳税人、扣缴义务人的,调离税收工作岗位,并依法给予行政处分。调离岗位本身就是一种处分,应纳入行政处分的范围。而且,应当拓展调离岗位的适用,使其发挥更大功效。另外,"国家责任最广义概念为国家就其行使公权力或非公权力行为(私法行为),致人民生命、身体与财产等法益遭受损害之结果,所负起损害赔偿或补偿之责任"②。在财政行政中,国家承担赔偿责任,是基于执行职务行使公权力之行为、违法行为与损害之产生有相当的因果关系、侵害了纳税人的权益。③ 其中,对公务人员采用追偿制。其基本构造是:首先,国家对一切公务侵权行为承担赔偿责任,而公务人员并不直接对受害人承担赔偿责任;其次,在承担赔偿责任后,国家对重大过错公务人员实行追偿。④ 换言之,地方政府承担赔偿责任后,如若公务人员在执行职务时,存在故意或重大过失,应当向公务人员追偿。我国《国家赔偿法》第

---

① 《政府公报》,1915年4月24日,第1063号。
② 董保城、湛中乐:《国家责任法——兼论大陆地区行政补偿与行政赔偿》,元照出版有限公司2006年版,第1页。
③ 参见蔡震荣《行政法概要》,五南图书出版股份有限公司2012年版,第474—481页。
④ 参见陈国栋《法律关系视角下的行政赔偿诉讼》,中国法制出版社2015年版,第247页。

16 条的规定肯定了这一制度。

表 1-6 雍正之前奏销官员报送违规处罚则例

违规类别	违限时间	应受惩罚	资料出处
司道都司府州县卫所官员向上报送违限	一个月	罚俸六个月	《古今图书集成》卷136《食货典·赋役部》
	两个月	罚俸九个月	
	三个月	罚俸一年	
	四五个月	降一级留任	
	六个月以上	降两级调用	
	一年以上	革职	
督抚报送违限	五个月	降一级留任	
	六个月以上	降两级留任	
	一年以上	降三级调用	
府州县卫所官员造册舛错遗漏		府州县卫所官员罚俸一年，督抚及转报之司道等官员罚俸六个月	光绪《大清会典事例》卷177《户部·田赋·奏销》
督抚司道造册舛错遗漏		将督抚等官议处	光绪《大清会典事例》卷177《户部·田赋·奏销》
将蠲免钱粮增减造册		督抚罚俸六个月，司道府官罚俸一年，州县官降两级调用	乾隆《大清会典事例》卷19《户部·考功清吏·灾振》

资料来源：陈永成：《雍正的公共治理之道——基于财政改革的视角》，中国财政经济出版社 2015 年版，第 144 页。

如若构成犯罪，公务人员是要承担刑事责任的。涉及的罪名主要包括贪污罪、挪用公款罪、私分国有资产罪、私分罚没财物罪、滥用职权罪、玩忽职守罪、徇私舞弊不征、少征税款罪、徇私舞弊发售发票、抵扣税款、出口退税罪和违法提供出口退税证罪等。对公务人员的财政犯罪行为进行惩处，为历朝历代所重视。根据《唐律》规定：违犯国家关于"先富强，后贫弱；先多丁，后少丁"的征役原则及有关征收赋税的制度，任意"差科赋役"者，均为非法赋敛。其非法赋敛之物"入官者"，以"公罪"论，"计所擅坐赃论"，即"总计赃至六匹"，"杖六十"，"满一百匹"，"徒三年"。如非法赋敛之物"入私者"，或一部分入官而一部分"入私"，则以"私罪"论，要加重处罚：即"一尺杖一百，一匹加一等，十五匹绞"①。唐玄宗时期，廓州刺史左感意，因坐赃被杖杀；唐肃宗时期，河南尹李巨因私征税钱，被贬为遂州刺史；唐德宗时期，宣州刺史薛邕，因盗官货计钱万万，配流象州，等等。② 1912 年 4 月 30 日颁布的《暂行新刑律》第 129 条规定："征收租税及各项入款之官员，图利国库或他人，而于正数以外，浮收金谷、物件者，处三等至五等有期徒刑。系利自己者，处二等或三等有期徒刑，并科与浮收同额之罚金。"

在财政法律责任的承担中，要区分个人责任和集体责任。个人责任是指制裁针对的仅仅是直接不法行为人，集体责任指的是制裁不针对或不是只针对直接不法行为人，而是在法律上与他有联系的人或团体（这种关系由法律秩序决定），针对他们的那种制裁的条件，并不是他们的行为，而是他们与不法行为人的特定关系。其制裁所针对的人与作为一个法律共同机关而为不法行为的那个人属于这同一共同体，不法行为人和要对不法行为负责的那个人之间的关系是由不法行为人和那些要对不法行为负责的人属于同一法律共同体的事实所构成。当社团的全体成员对那个社团的机关所犯的不法行为负责时，那些负责的人是不能以他们的任何行为来避免制裁。③ 由直接责任人员承担的责任是个人责任，由负责的主管人员和团体与直接责任人一起承担的责任，则属于集体责任。

财政法律责任的追究要符合一定的要件。以通报批评为例，《国务院办公厅关于福建省人民政府违反规定征收基础设施建设附加费的通报》（国办发〔2000〕73 号），对福建省人民政府违反规定征收基础设施建设附加费的行为，以通报批评的方式做出不利评价，并没收其部分收费收入上缴中央财政。福建省人民政府未经国务院及有关部门批准，有意为之，主观上属于故意；客观上实施了继续征收基础设施建设附加费的行为，造成了加重企业负担和严重侵蚀所得税税基的后果。而且，福建省人民政府是机关法人，具有承担法律责任的能力。在对地方政府

---

① 《唐律疏议》卷 13《户婚》。
② 《册府元龟》卷 700《牧守部》。
③ 参见［奥］凯尔森《法与国家的一般理论》，沈宗灵译，商务印书馆 2013 年版，第 116—119 页。

和公务人员追究财政法律责任时,应当肯定这种运用构成要件的做法,并推广使用。

三 激励型工具

激励型工具主要是中央政府通过专项转移支付和奖励等显性经济激励等,促使地方财政按照中央意图营运。专项转移的获得,需要地方的财政治理符合特定的条件,属于特定的范围,达到一定标准。为此,地方政府会按照中央的意图积极促进条件的达成。而中央政府的奖励等属于正面认可,起到激励地方政府和公务人员的作用,有效推进地方财政治理工作的开展。

(一)专项转移支付

专项转移支付是引导地方财政投向的重要手段。从保障地方财政自主权的角度,提高一般转移支付的比例,降低专项转移支付的比重,有其正当性。但专项转移支付在引导地方财政投向方面具有独特功能,不能因其运行中存在诸多问题就因噎废食。当前,专项转移制度存在的主要问题在于其对地方财政行为的引导不足、对地方财政自主权干预程度大等。解决这些问题的关键在于对专项转移支付进行优化整合。2008年,在澳大利亚,联邦政府与州政府签订了政府间财政关系协议,协议将90种特别目的拨款合理化为5种全国专项转移支付。根据《联邦财政关系法案2009》的规定,联邦政府对州政府的专项转移支付包括:国家专项转移支付(全国技术和劳动力发展专项转移支付、全国残障服务专项转移支付和全国经济适用房专项转移支付)、全国健康改革专项转移支付(2012年前为全国卫生保健专项转移支付)、全国合作关系专项转移支付(用于支持特定生产或工程或奖励那些实施具有全国意义的改革)。在我国,党的十八届三中全会就提出了"清理、整合、规范专项转移支付项目"的要求。财政部部长肖捷2016年12月23日在第十二届全国人民代表大会常务委员会第二十五次会议上所作的《国务院关于深化财政转移支付制度改革情况的报告》提出,大幅度减少专项转移支付下不同支出方向的数量,同时探索建立"大专项+工作任务清单"机制,推动同一专项下的不同支出方向资金的统筹使用,中央部门主要通过制定任务清单的方式进行指导，将项目审批权下放地方，从根本上推进专项转移支付的实质性整合。这一具体改革方案与澳大利亚的做法具有高度的一致性。另外，为保障专项转移支付资金使用的有效性，必须采用相应的制度和技术对其进行约束。如美国，对于专项转移支付，不仅从获取的资格进行要求，运行过程进行控制，而且要对其进行严格的跟踪审计。

但是，一般转移支付所能做的仅仅是实现基本公共服务的均等化，这种均衡是最低限度的保障。而各地不均衡发展的情况依然存在，如何在一般转移支付的基础上，借助其他手段，打出"组合拳"，促进各地均衡发展，才是解决问题的根本之道。在促进基本公共服务均等化的过程中，还要有的放矢的采取一系列有利于均衡地区发展的措施。如，《国务院办公厅转发教育部等部门关于实施教育扶贫工程意见的通知》（国办发〔2016〕86号）规定，在连片特殊困难地区实施教育扶贫工程，全面加强基础教育、加快发展现代职业教育、提高高等教育服务能力、提高学生资助水平、提高教育信息化水平等，进而提高人民群众基本文化素质和劳动者技术技能，从根本上消除贫困，促进区域的均衡发展。

（二）奖励等

国家治理中，有三种基本责任途径，"服从责任：违反了法律规则或犯错之后要纠正，给官员以威慑和惩罚，这是负面制裁。绩效责任：通过建立激励机制，奖励那些达到目标的官员，这是正面认可。以能力为基础的责任：控制官员行为、建构有效的组织并提高组织能力。针对不同情况采用不同的责任形式加以追究，以促使官员负责地行政"[1]。服从责任作用的达成有赖于完备的惩罚体系和及时有效的处罚措施，绩效责任效果的发挥依靠奖励形式的多元化和激励力度的提升，以能力为基础的责任需要通过对公务人员进行业务培训和组织的有效架构提高行政

---

[1] Paul C. Light. *Monitoring Government：Inspectors General and the Search for Accountability*, the Booking Institution, 1998, pp. 14-16. 转引自孙彩红《中国责任政府建构与国际比较》，中国传媒大学出版社2008年版，第201页。

效能。

绩效责任和以能力为基础的责任,在我国现行的法律法规中均有所体现。《公务员法》规定,对工作表现突出、有显著成绩和贡献以及有其他突出事迹的公务员或者公务员集体给予奖励,这体现了绩效责任;《监察法》将制定该法的目的定位为国家治理体系和治理能力现代化,体现了以能力为基础的责任。绩效责任,以目标为驱动,通过各种形式对于达标的地方政府和公务人员给予奖励,起到激励地方政府和公务人员的作用。奖励的形式应当多元化,并体现财政的利益特性。例如,《国务院办公厅关于对真抓实干成效明显地方加大激励支持力度的通知》(国办发〔2016〕82号)规定,对于地方政府在财政行政中表现良好的,如财政预算执行、盘活财政存量资金、国库库款管理、推进财政资金统筹使用、预算公开等财政管理工作完成情况好的省(区、市)等,中央政府给予财政资金奖励或中央预算内专项补助优先支持等。《国务院办公厅关于对2016年落实有关重大政策措施真抓实干成效明显地方予以表扬激励的通报》(国办发〔2017〕34号)中,对北京市、江苏省、厦门市、深圳市等省(区、市)、计划单列市推荐的财政管理工作先进典型市(州)、县(市、区),利用督查收回的专项转移支付沉淀资金等予以奖励,每个市(州)奖励资金不低于2000万元,每个县(市、区)奖励资金不低于1000万元。这充分体现了财政的利益特性,应当加大此种奖励方式的使用。以能力为基础的责任,关注的是公务人员的能力和组织的效率,主要是通过提升公务人员在财税领域的业务能力,进而提高组织的整体效率。财税工作本身具有很强的专业性,其复杂程度远远高于其他类型的事务,对于专业技能要求更高。更为重要的是,不论是财政收支,还是管理,均会对纳税人产生直接或间接的影响。所以,提高公务人员的能力和组织的整体效率意义重大。《宪法》第27条第1款规定,一切国家机关实行工作人员的培训和考核制度,不断提高工作质量和工作效率。《监察法》第1条明确规定,制定《监察法》的目的在于推进国家治理体系和治理能力现代化。地方政府财政效能的提高,属于其行政效能的一部分。《公务员法》第60条规定,机关根据公务员工作职责的要求和提高公务员素质的需要,对公务员进行分级分类培训。作为从事专项工作的财政和税务人员，培训的重要性不言而喻。财税机关的公务人员每年都参加多种培训，以提高其业务能力。鉴于其重要程度，可以考虑的是，对于拒不参加业务培训，而又无法完全胜任其工作岗位的公务人员给予调离岗位等处分。

四 公众参与型工具

公众参与型工具，是借助纳税人的力量，通过纳税人对财政违法行为举报、申请复议或提起诉讼等方法实现对地方财政的有效监督。地方的财政治理与纳税人休戚相关，纳税人对其治理状况也最为熟知，通过其传递相关信息，并诉诸中央政府，由其解决。既让纳税人的监督权得以充分发挥，保障了其权益，也使得中央监督的深度和广度得到极大的提升。

（一）财政违法举报制度

财政违法举报制度主要是充分发挥纳税人的作用，发现地方政府及公务人员的财政违法或不当行为。根据《宪法》第41条的规定，对于任何国家机关和国家工作人员的违法失职行为，纳税人有向有关国家机关提出申诉、控告或者检举的权利，财政领域的违法失职行为当然属于其中。《预算法》第91条进一步规定："公民、法人或者其他组织发现有违反本法的行为，可以依法向有关国家机关进行检举、控告。"《监察法》第35条规定，监察机关对于报案或者举报，应当接受并按照有关规定处理。为了畅通财政违法或不当行为举报的渠道，财政部网站专门开辟了"投诉举报"专栏。在国家税务总局网站上也设有"税务干部违纪举报"专栏，并明确了受理举报的范围。另外，中央纪委国家监委网站开辟了12388党风政风监督举报平台，在其《网上举报须知》中明确，对监察对象不依法履职，违反秉公用权、廉洁从政从业以及道德操守等规定，涉嫌贪污贿赂、滥用职权、玩忽职守、权力寻租、利益输送、徇私舞弊以及浪费国家资财等职务违法犯罪行为的检举控告。通过这些举报渠道，地方的财政信息由纳税人向中央政府传递，其更能客观地反映地方财政的真实情况。对于财政违法举报制度的建设，需要进一步畅通举报的渠道，更加及时有效地解决和处理纳税人反映的问题。做到有举必接，接案必回，回案必公开。并对财政违法信息进行大数据分析，以改变或确定中央未来规制的重点方向和应当选用的具体手段。

(二) 行政复议和行政诉讼

《世界人权宣言》第 7 条规定："对于侵犯其宪法或法律所赋予的基本权利的行为，任何人都有获得国内法庭有效救济的权利。"我国《行政诉讼法》和《行政复议法》第 1 条均开明宗义地表明要保护纳税人的合法权益，监督地方各级行政机关依法行使职权。对纳税人权利的救济和利益的保护，是约束地方财政权力的重要方式。救济机制依托于中央政府的司法权等，对地方政府的财政行为进行裁判，以维护纳税人的合法权益。完善救济机制，在于进一步畅通救济渠道，减少对诉权等的限制，发展纳税人诉讼等公益诉讼制度。

为明晰纳税人权利救济的范围，我国《行政诉讼法》第 12 条明确规定行政机关违法摊派费用、没有依法支付抚恤金、最低生活保障待遇或者社会保险待遇的、不依法履行、未按照约定履行或者违法变更、解除政府特许经营协议等协议及其他侵犯纳税人利益的情形作为人民法院的受案范围。以具体案件为例，在胡金平与沛县五段镇人民政府行政征收一案中，一、二审法院均确认沛县五段镇人民政府对胡金平征收基础设施配套费的行为违法，认为沛县五段镇人民政府应当依法退付胡金平已缴纳的市政基础设施配套费，其不予返还的行为对胡金平造成的经济损害，应当依法给予赔偿。[1]通过此种方式，纳税人的权利获得了救济、利益得到了保障，地方政府的财政权力受到了约束。但根据《税收征收管理法》第 88 条第 1 款[2]的规定，纳税人对于纳税争议只有缴纳税款及滞纳金并先复议才能诉讼，限制了纳税人的诉权。虽然《税收征收管理

---

[1] 参见"胡金平与沛县五段镇人民政府行政征收二审行政判决书"(2016) 苏 03 行终第 125 号。

[2] 《税收征收管理法》第 88 条第 1 款规定："纳税人、扣缴义务人、纳税担保人同税务机关在纳税上发生争议时，必须先依照税务机关的纳税决定缴纳或者解缴税款及滞纳金或者提供相应的担保，然后可以依法申请行政复议；对行政复议决定不服的，可以依法向人民法院起诉。"

法修订草案（征求意见稿）》第 126 条第 1 款①将缴纳税款移至复议后，但仍是对纳税人诉权的限制，需要进一步改进，取消缴纳税款或者提供相应担保的要求。另外，为保障纳税人在与地方政府合作中的合法权益，进一步畅通救济渠道，中央出台了《中共中央、国务院关于完善产权保护制度依法保护产权的意见》。其明确要求："地方各级政府及有关部门要严格兑现向社会及行政相对人依法作出的政策承诺，认真履行在招商引资、政府与社会资本合作等活动中与投资主体依法签订的各类合同，不得以政府换届、领导人员更替等理由违约毁约，因违约毁约侵犯合法权益的，要承担法律和经济责任。对因政府违约等导致企业和公民财产权受到损害等情形，进一步完善赔偿、投诉和救济机制，畅通投诉和救济渠道。"《最高人民法院关于充分发挥审判职能作用切实加强产权司法保护的意见》（法发〔2016〕27 号）第 9 条进一步规定："对因招商引资、政府与社会资本合作等活动引发的纠纷，要认真审查协议不能履行的原因和违约责任，切实维护行政相对人的合法权益。对政府违反承诺，特别是仅因政府换届、领导人员更替等原因违约毁约的，要坚决依法支持行政相对人的合理诉求。对确因国家利益、公共利益或者其他法定事由改变政府承诺的，要依法判令补偿财产损失。"再者，对于侵犯纳税人关于地方财政知情权的，也应当畅通司法救济的渠道。在英国，申请财政信息公开的居民可以向信息裁判所申请对地方行政机关拒绝财政信息的行为进行裁决，不服裁决的还可以上诉至有关法院。这样既能扩大纳税人权利救济的范围，又能够推动财政公开制度的建设。

除通过诉讼外，中央政府还可以通过复议、裁决等的方式保障纳税人的合法权益。纳税人可以对省级财税机关的具体财政行为向中央财税机关申请复议，中央财税机关可以根据具体情形作出维持、在一定期限内履行、撤销、变更或者确认该具体财政行为违法等的决定。另外，根据《行政复

---

① 《税收征收管理法修订草案（征求意见稿）》第 126 条第 1 款规定："纳税人、扣缴义务人、纳税担保人同税务机关在纳税上和直接涉及税款的行政处罚上发生争议时，可以依法申请行政复议；对行政复议决定不服的，应当先依照复议机关的纳税决定缴纳、解缴税款或者提供相应的担保，然后可以依法向人民法院起诉。"

议法》第 14 条的规定，国务院在纳税人不服省、自治区、直辖市人民政府的具体财政行政行为，提请省、自治区、直辖市人民政府复议后，对行政复议决定仍然不服的情况下，经纳税人的申请，作出最终裁决。

五 自愿行动型工具

自愿行动型工具，在于中央政府通过引导性规范和央地财政协议等，使得地方政府自愿投入良性的财政治理中。引导性规范起着"风向标"的作用，虽然不具有强制性，但地方政府若依照中央政府的引导进行财政活动，既能够更好地服务于辖区内的纳税人，获得地方选民的支持；也能很好地贯彻中央意图，有利于全体纳税人公共福祉的提高，获得中央政府的信任和支持，实现多赢。加之，其对地方财政自主权的干预程度较小，有着广阔的适用空间。央地财政协议融入了地方政府意志，是双方合意的结果。有利于提高地方政府的遵从度，更好地实现规制效果。应当善加运用该类手段，使中央政府和地方政府在财政领域形成合作关系，共同治理。

（一）引导性规范

党中央的各种决定、公告和决议以及会议的内容等，都会对地方财政行为产生导引作用。党的十八届三中全会通过的《中共中央关于全面深化改革若干重大问题的决定》中深化财税体制改革的内容、2014 年 6 月 30 日中共中央政治局审议通过的《深化财税体制改革总体方案》从改进预算管理制度、深化税收制度改革、调整中央和地方政府间财政关系三方面提出改革的要求，引领地方财政运行的方向，深刻影响着地方政府的财政行为。而且，这些改革的内容，届时将反映到立法上，全国人大及常委会制定或修订相关法律，对地方财政行为产生法律拘束力。

国家战略和规划是中央政府从宏观层面引导或指导地方政府为财政行为的重要手段。中央政府通过各种发展战略的提出，如西部大开发、中部崛起、振兴东北老工业基地等，对这些区域实行差异化的政策导引，影响地方政府的财政行为。并且，中央政府还提供大量的财政支持，尤其是西部大开发战略，其意在缩小其与东部和中部地区的差距，实现基本公共服务均等化。这些都会直接或间接影响地方政府的财政行为。再者，中央政府通过规划，指导地方政府财政工作的开展。国家规划是对国家事务的未来谋划和资源的整合运用，确定未来一定阶段内国家各项工作的目标，起着塑造社会的作用，同时也对地方财政工作的开展具有指导性意义。规划依据有无法律约束力可分为指导性规划、影响性规划、约束性规划。指导性规划是通过提供资讯、信息来供地方政府和纳税人参考的规划，不具有任何法律效力，属于行政事实行为。影响性规划也不具有法律约束力，但其与指导性规划不同。影响性规划试图通过一定的方式影响地方政府和纳税人按照中央政府的意图行动。拘束性规划具有法律上的约束力，此种规划具有法律渊源的效果。① 虽然拘束性规划具有法律效力，但因其不涉及地方财政的具体内容，其更多的还是起引导作用。在具有法律约束力的规划中，其效力层级是不一样的。如，《国民经济和社会发展第十三个五年规划纲要》经过第十二届全国人民代表大会第四次会议批准，以决议的形式下发，具有同法律一样的效力。教育部、国家语言文字工作委员会以通知的形式下发的《国家语言文字事业"十三五"发展规划》，其位阶仅为规范性文件。在该发展规划中要求各对口支援省市要将面向各类人群的国家通用语言文字培训项目作为援助内容，加强培训力度。我们姑且不谈对口支援的法律效力问题，仅仅以规范性文件的形式就要求地方政府变动财政投向的做法，十分不妥。虽然推动语言文字事业发展本身具有正当性，但是这种要求地方政府采取此种措施的做法既缺乏上位法的支撑，又涉嫌对地方财政自主权的不当干预。《国家通用语言文字法》第4条第3款规定："地方各级人民政府及其有关部门应当采取措施，推广普通话和推行规范汉字。"该条款只是确认了地方政府必须履行的义务，即地方政府应当这样做。但地方政府采取何种措施，该条款并未进行限定，这意味着地方政府对此享有裁量权，各地可以根据自身的实际情况操作。所以，这一条款并不能构成该规范性文件要求地方政府进行对口支援的法律依据。而现有的这种限定，限制了地方政府的裁量权，是对地方财政自主权的干涉。并且，对于规划，其应恪守宏观指导的定位，不宜做出具体

---

① 参见宋雅芳《行政规划的法治化理念与制度》，法律出版社2009年版，第12页。

要求,尤其是可能对地方财政自主权产生不当干预的内容。

中央政府还通过倡导或建议等形式,引导或指导地方政府开展财政活动,具体包括倡导性的财政规范和指导性文件等。倡导性的财政规范表明了中央政府的财政政策取向,倡导地方政府为或不为一定的财政行为。例如,《公共文化服务保障法》第12条规定:"国家鼓励和支持在公共文化服务领域开展国际合作与交流。"国家倡导地方政府为此种行为。而指导性文件主要基于中央政府及相关部门的专业性,针对某项制度的实施提出建议或意见,引导或指导地方政府规范操作。例如,《国务院关于实行中期财政规划管理的意见》(国发〔2015〕3号)从总体要求、中期财政规划主要内容、编制主体和程序、组织实施等方面指导地方政府如何建立中期财政规划制度。

(二) 央地财政协议

中央政府享有与地方政府缔结协议的权利,通过与地方政府平等协商、签订协议,以约束地方政府的财政行为。这种方式既能够实现中央政府的意图,又不过度干预地方的财政自主权,体现了合作治理的理念,是未来发展的方向。所以,应当扩大其适用范围,实现中央政府和地方政府的良性互动。以教育领域为例,教育部及其他部委等,与各省级人民政府签订共建某某大学协议,协议主要约定缔约机关在支持高校建设中应当提供资金的比例和各项政策。除"985"高校原本就属于省部共建外,2004年以来教育部等国家部委相继与各省级人民政府签署了多份共建协议,如2015年9月教育部与河北省签订了共建河北农业大学协议、与江苏省签订了共建扬州大学协议。在教育部与部属院校所在省份签订的协议中,其中一个重要的条款是要求该省按照整体规模不低于中央投入经费的1∶1比例给予资金和配套政策的支持。作为契约的一种类型,其应具备契约最基本的属性,即合意。合意与否,取决于双方的自愿程度。自愿是契约区别于其他中央规制手段最为本质的属性,如果丧失这一本性,契约只会徒具其形。自愿是当事人可以自愿参加,也可以自由退出,这种权利不应当被干涉,以保障地方政府不受潜在的压力。自愿必须贯穿始终,不仅要体现在协议运行的整个过程中,而且要体现在协议中,也就是要尊重双方对协议内容的决定权。① 而这类协议中,最为关键和难以解决的问题恰恰是地方政府自愿的实现。如《财政部关于委托地方检查中央单位有关事项的通知》(财检字〔1996〕38号),本应是委托协议。但财政部以通知的形式下发,使其具有了命令的性质。我们不否认财政部有权对下级财政部门发文,但并不是所有事项都适合采用命令的形式。中央政府及所属部门将自身事务委托给地方,不仅要充分考虑地方政府的财政治理能力,更为重要的是要尊重地方政府的意见。自愿的实现应当从两个方面着手:一方面是对国务院及所属部门的缔约权进行必要的限制,防止其滥用优势地位,使协议演变成指令;另一方面是建立健全保障地方政府自愿实现的制度。当前,可以重点考虑的方式是,在缔约过程中邀请人大代表和纳税人参与,由其来保障双方自愿的实现。签约后,将协议内容公开。由广大纳税人根据条款对地方政府是否自愿进行基本的判断。并且,这类协议涉及公共利益,公开也是对纳税人知情权的保障。另外,对于缔约机关达成的协议,其是双方意思表示一致的体现,对双方具有约束力,这是毋庸置疑的。《西班牙公共行政机关及其共同的行政程序法》第8条第2款就明文规定:"部门会议协议和协作协议自签署后即对参与的行政机关产生约束力,除非协议另有安排。"虽然我国法律对此没有明确规定,但缔约的目的就在于履行,协议对缔约机关具有约束力实属必然。

另一个重要问题是,如果一方不履行约定义务或者发生争议如何解决。作为契约的一种,其当然可以通过约定的方式,约定违约责任和纠纷解决方式。如果没有约定,首先可以考虑的是由缔约机关进行协商。如果协商不成,可以通过国务院、全国人大常委会来调处。对于国务院各部委与省级人民政府签订的协议,由国务院对纠纷进行调处;对于国务院与省级人民政府签订的协议,则由全国人大常委会调处。另外,如果协议经过了省级人大常委会的批准,与国务院部委签订的协议,由国务院提出意见,国务院认为应当按照地方的理解执行的,应当决定执行地方的理解;认为应当按照部委的理解执行,应当提请全国人民代表大

---

① 参见陈晓明《刑事和解原论》,法律出版社2011年版,第222页。

会常务委员会裁决。是否可以在这些方式以外,由司法机关进行裁决,值得进一步分析。但对当下的中国来说,短期内不具有适用的可能。另外,对于不履行协议的缔约机关应当承担违约责任,具体包括继续履行、损害赔偿等。除法律不能、事实不能、经济不合理等不具有或不适宜履行的协议条款外,缔约机关应当全面履行协议条款。缔约机关因不履行或不完全履行协议中约定的义务而给其他契约机关造成损失的,依据约定责任条款承担损害赔偿责任。① 最后,对于这种纵向的政府间财政合作,根据各地的财政治理能力等的差异,不同地区间应当采用不同的运作方式。大致来说,对于中西部地区,宜由中央政府主导,推动发展;东部沿海地区,则鼓励地方政府发挥主导作用。

六 信息型工具

信息型工具主要是通过信息公开等方式,使得中央政府实时获取地方财政信息,有效应对地方政府的各种财政异化行为财政公开制度的建构和完善,不仅能够延伸中央政府监控的触角,而且是保障纳税人知情权的重要措施。"政府资讯公开为实现人民知的权利,于现代民主国家为人民监督政府、参与政府所不可或缺之法制。"② 表明财政公开程度最为核心的指标是财政运营的透明度。"财政营运的透明度受到了世界各国的重视,如新西兰、澳大利亚和英国。只有法律明文规定财政政策的指导原则要详尽说明、目标变化清晰阐述、财政政策必须长期聚焦、向公众提供财政信息符合各种要求,财政透明度才能做到极致。"③ 财政透明度的提高有赖于财政公开制度的建设和落实。"政府公开制度源于200多年前瑞典制定的《信息自由法》,但对当代各国政府公开制度影响最大的莫过于美国的政府公开制度。在美国《信息自由法》的影响

---

① 参见叶必丰、何渊、李煜兴、徐健等《行政协议——区域政府间合作机制研究》,法律出版社2010年版,第236—237页。
② 范姜真媺:《政府资讯公开与国家保密保护——以日本之学说及实务见解为主》,《政大法学评论》2007年第100期。
③ C. Rangarajan and D. K. Srivastava, *Federalism and Fiscal Transfers in India*, Oxford: Oxford University Press, 2011, p. 197.

下，自 20 世纪 70 年代以来，各国纷纷制定了有关的法律并使政府公开制度成为当代各国公法领域中最有创造性的一项制度。"① 除了《信息自由法》外，美国还有《隐私法》《阳光下的政府法》《联邦咨询委员会法》等关于政府信息公开的一般性法律，同时还有散见于数十部适用于具体信息类型的其他法律。这些法律紧密联系，共同致力于促进同一个广泛的目标——开放政府。② 还有德国的《有关获取联邦政府持有信息的联邦法》、英国的《信息自由法》、日本的《行政机关持有信息公开法》、韩国的《公共机关信息公开法》、印度的《信息权法》等，这些规范对信息公开的主体、客体、申请人资格和申请条件、范围、程序、权利救济、工作机构、主动公开等作了较为详细的规定。③

我国《预算法》和《政府信息公开条例》均要求政府公开财政信息；《中共中央办公厅、国务院办公厅印发〈关于全面推进政务公开工作的意见〉》（中办发〔2016〕8号）和《国务院办公厅印发〈关于全面推进政务公开工作的意见〉实施细则的通知》（国办发〔2016〕80号）强调行政决策公开、执行公开、管理公开、服务公开和结果公开，并提出了具体要求；以及其他一些关于政府信息公开的规定。由此来看，当前我国基本形成了以《预算法》确定的预算公开为核心，《政府信息公开条例》为支点，各政务公开和财政公开的规范性文件为依托的财政公开体系。当前财政公开制度之所以作用有限，其主要原因不是制度建设和技术操作，而是如何将其落到实处。制度落实面临的最大问题在于，财政权力长期封闭运行形成惯性和纠葛在其中的利益。改革的阻力主要来自封闭运行下财政权力行使的便利和既得利益者对其利益的固守。而地方财政的运行与其他政府事务相比，和纳税人的切身利益联系更加紧密，其公开的程度应当高于其他事项。但现实中，财政信息披露的情况却不尽如人意，地方政府的财政透明度仍然比较低下（见图1-3）。从图中，我们可以清楚地看到仅有

---

① 尚水利：《中国行政文化的嬗变趋势分析》，时事出版社2015年版，第210—211页。
② 参见［美］理查德·J. 皮尔斯《行政法》（第一卷），苏苗罕译，中国人民大学出版社2016年版，第261—262页。
③ 参见后向东《信息公开的世界经验》，中国法制出版社2016年版。

宁夏、湖南两地的财政透明度达到及格线以上，其他地区均未达到。再者，财政部2016年9月8日通报的《关于地方预决算公开情况的专项检查结果》显示，截至2015年10月31日，全国有36638个单位未公开2015年部门预算，56481个单位未公开2014年部门决算，占比分别为14.48%和22.27%。另外，自2014年起，新华社连续10次播发追问向公民征收的各类行政事业收费或政府基金。其十问剑指土地出让金、民航发展基金、住宅维修资金、公交卡押金、涉农补贴、附加费、城市停车费、高速公路收费和彩票资金等，如此巨额民生资金到底去哪了，成为一个谜，这显然违背了财政公开原则。所以，应当着力破除阻碍，积极推动财政公开制度的落实。

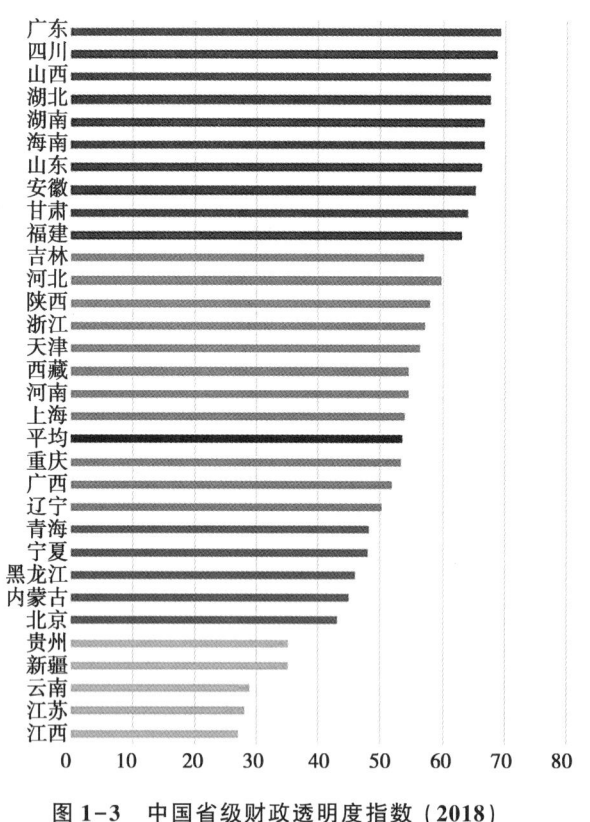

图1-3 中国省级财政透明度指数（2018）

资料来源：上海财经大学公共政策研究中心：《2018年中国财政透明度报告》。

第二章

现行中央规制工具配置的检讨与反思

为应对地方财政行为异化、解决地方财政治理失灵、保障纳税人权益，中央政府采取各种措施对地方财政进行规范、约束和限制。《国务院关于推进中央与地方财政事权和支出责任划分改革的指导意见》（国发〔2016〕49号）更是明确要求"中央要在法律法规的框架下加强监督考核和绩效评价，强化地方政府履行财政事权的责任"。但不可回避的是，由于过于倚重命令—控制型工具的运用，强制性手段过多，导致地方一系列"上有政策、下有对策"的策略行为，地方政府的遵从度过低。并且，采用的这些工具欠缺财政属性，与普通行政事务"一体对待"，更没有针对地方政府不同的财政行为做出调整，中央规制的目的并未得到真正实现，纳税人权益的保障不足，很难起到良好效果。再者，以不同形式排斥了不同规制工具的组合运用，使工具之间的互动被人为阻断，不利于形成整体效果。另外，地方财政信息平台等辅助设施建设不足，导致财政信息碎片化等问题，影响规制工具效果的发挥。

一 工具的类型和性能使用不足

根据功能等的不同，可以将中央规制工具大致划分为命令—控制型工具、激励型工具、公众参与型工具、自愿行动型工具和信息型工具等。反观当前我国中央规制工具使用的现状，从整体上来说，各类工具的类型和性能运用都不充足，并且过于倚重命令—控制型工具，激励型工具、公众参与型工具、自愿行动型工具和信息型工具运用较少。其中命令—控制型工具又过于依赖强制性规范、行政命令、各类检查、审批、审核、考核、一般转移支付等进行事前控制和事后检查，缺乏中间层面的过程监督，而且对撤销、改变、附带性审查、责令改正、代为履行和课责等具有矫正功能的工具却较少使用，有待进一步拓展。除命令—控制型工具数量较多外，激励型工具只集中于专项转移支付和奖励两种，公众参与型工具主要有财政违法举报、行政复议和行政诉讼三种，自愿行动型工具主要是引导性规范和央地财政协议两种，信息型工具表现为财政公开一种，这些工具不仅数量少，而且较少发挥作用。以央地财政协议为例，除了教育领域，教育部等国家部委与地方政府签订共建协议，涉及费用共担等财政事项，中央政府极少用这种方式来解决央地之间的财政问题。

再者，各工具的性能并没有得到充分挖掘和发挥。即使是使用较多的命令—控制型工具，其考核和一般转移支付等工具，在考核指标的设计、一般转移支付的考量因素和公式等方面也不尽科学和合理，过多注重最终的分配结果，没有发挥各项指标和因素的引导作用。而对于较少使用的其他工具，不仅使用的次数少，而且工具本身的设计和运行也存在诸多问题，不利于其功能的发挥。如附带性审查，其使用频率过低，并且存在审查范围过小和处理权限过低等问题，其对地方财政的规制作用并没有发挥出来。未来的改革，可以逐步将审查范围扩大至地方性法规，并将处理权限扩展至直接宣布违法等。以此为契机，逐步完善我国的司法审查制度。再如，涉及地方财政的诉讼中，没有考虑公益诉讼等。随着经济社会的发展和纳税人意识的觉醒，"为担保财政支出目的之公正，以有别于财政民主主义之维护公益诉讼方式进行支出统制，似为将来值得思考之方向"①。《日本地方自治法》第242条及第242条之二，对于地方住民直接对财政监视权，有明文规定，其目的在于经由住民之手，透过司法程序，直接对于地方政府之财务会计上之非违行为，进行司法统制。② 在英美法上又叫纳税人提起的禁止令请求诉讼，是指以纳税人的身份，针对不符合宪法和法律的不公平税制、不公平征收行

---

① 蔡茂寅：《财政制度》，《月旦法学杂志》1999年第52期。
② 参见廖钦福《现代财政国家与法Ⅰ——财政法学之构筑与法课题之展开》，元照出版有限公司2011年版，第337—340页。

为,特别是政府违法使用税款等侵犯国家和社会公共利益的行为向法院提起的诉讼。与一般诉讼相比,纳税人诉讼具有如下特点:一是起诉目的是维护社会公共利益;二是起诉人与案件无直接利害关系;三是起诉的主体是纳税人。① 从总体上来说,其诉讼范围是地方政府的财政违法或不当行为,可能或已经损害了部分或全体纳税人的利益,并不以与该纳税人具有直接利益关系为限。但纳税人诉讼制度的设计应当考虑各种因素,主要有:第一,法院的承担能力与实践可能性;第二,行政机关(税务机关)的抗拒;第三,纳税人的觉醒;第四,滥诉的可能。总的来说,通过纳税人诉讼制度,纳税人可以对不公平税制以及其他滥收费等财政收入层面的问题、财政投向缺乏法律依据和正当化基础等情形,向法院提起诉讼,更加有效地约束地方政府的财政行为,使地方政府合理、合法、有效地行使其财政权力

二 工具的财政属性欠缺

中央政府将对地方财政的规制,与其他普通的行政事务一体对待,除一般转移支付、专项转移支付和奖励等工具相当的财政属性外,其他工具的设计和运行与其他行政事务基本一致。这种情况带来的问题,没有充分考虑工具的财政属性,导致使用的工具并不能达到预期的规制效果,还有可能对地方政府的财政治理产生不必要的干扰,对此需要尽量避免。对于地方政府,完备的财政法律责任体系,除赔礼道歉、承认错误、恢复名誉、消除影响、返还财产与折价赔偿、恢复原状、停止违法财政行为、撤销违法财政行为、履行职务、纠正不当财政行为、行政赔偿等责任外,还应包括警告或通报批评、信用减等、罚款、没收违法所得、扣减中央补助款、停止其某项资格等形式。警告或通报批评主要借助否定性的评价,对地方政府起警示和教育的作用。信用减等是对地方政府信用评价的降低,会影响地方政府的发债等。在地方政府成为相对独立的财政主体后,地方债由其自发自还的情况下,信用将成为地方政

---

① 参见吕庆明《防止权力异化的财政民主问题研究》,法律出版社2016年版,第222页。

府一种十分重要的无形资产。如若地方政府有不法财政行为，中央政府做出对其信用减等的不利评价，将影响其发债的效果，涉及地方政府的切身利益。从违法收益与成本的角度来考虑，作为理性主体的地方政府也会认真对待。此种处罚具有较强的威慑力。罚款、没收违法所得、扣减中央补助款、停止其某项资格等责任方式，体现了财政的利益特性。与地方政府的财政利益息息相关，效果较好，被运用于各国的财政治理中。在日本，对于地方政府在提供作为地方交付税分配额的计算数据时，人为地调整数据，以便获得更多中央拨款的行为，中央政府不仅要追回错分的份额，还要征收一定的罚金，严重的甚至停止分配地方交付税的资格。对于国库支付金，如若地方政府故意虚报材料或因管理不善等造成损失，中央政府要进行严厉的处罚，必要时可以暂停对其支付国库支付金。[①] 加拿大联邦政府通过健康转移支付（CHT）和社会转移支付（CST）这些有条件的专项转移支付，提高省级政府提供一种或几种公共产品的能力。联邦政府限制资金使用范围，如超出限制使用转移支付资金，有权拒绝支付或将其收回。同时，省级政府还必须遵守社会保险最低水准原则，为本地居民提供必要限度以上的社会救济服务。

三 工具的组合运用考虑不周

现行中央规制地方财政的政策尚未系统化、体系化，立法层次不高，相关政策之间缺乏配合协调、出台政策的部门条块分割。[②] 例如，对地方政府强制性支出的规定，当前呈现如下图景：政策和法律并行、法律位阶低、内容庞杂，超出了保障纳税人基本权利的范围。这些强制性规定肢解了地方的财政支出，地方政府可以自主决定的支出微乎其微。再者，"就财政支出结构而言，我国对于一些关系民生和公民基本权利的领域，如教育、医疗等，更多的是侧重于对某具体领域的政策支持，而非直接具体到公民基本权利，即通过对于无法维持最低限度生活

---

① 参见黄小勇《中国行政体制改革研究》，中共中央党校出版社2013年版，第52页。
② 参见熊澄宇等《中国文化产业研究》，清华大学出版社2017年版，第277页。

者提供教育补助、医疗补助等满足公民基本的教育、医疗等的需求"①。美国、法国、日本、瑞典等国家，均有关于强制性支出的规定，并对一些权利的保障设有全国统一的标准，但其范围仅限于对纳税人基本权利的保障，而且采用法律的形式，法治化程度较高。如：对于食物计划，美国由联邦政府设立标准，提供财源，州负责实施；对于社会均等化最低补助，法国由中央政府设立标准，省级政府负责管理，财源来自省级政府的一般性税收（石油产品国内消费税）收入；对于无法维持最低限度生活者提供的教育补助、住宅补贴、医疗补助等，日本由中央政府制定标准，地方政府负责实施，财源由中央和地方按比例共同负担；对于各种社会救济，瑞典由中央政府制定标准，地方政府负责实施，财源100%来自地方政府的一般性税收收入。②

在规制工具的使用中，各种规制工具大都"单打独斗"，没有整体推进。更为严重的是，还以不同形式排斥了不同规制工具的组合运用，使工具之间的互动被人为阻断，不利于形成整体效果。如若各工具之间不能有效配合，将严重影响规制效果。以各类检查、日常监督、课责的配合为例，过度依赖各类检查工具功能的发挥，而缺乏日常监督和有效的课责制度是我国财政监督的现状。"从监督方式上看，我国财政监督表现为专项性和突击性的检查多，日常监督少；从监督环节上看表现为集中性和非连续性的事后检查多，事前、事中监督少；从监督内容看，表现为对公共收入检查多而对公共支出监督少，对某一事项检查多而全方位跟踪监督少。"③"这种'救火式'的财政监督方式具有明显的滞后性和被动性，难以防患于未然，仅是在问题发生后，按照有关法规的要求给予一定的经济处罚和行政处罚，而这些处罚在当前部分处罚措施可操作性不强、力度较弱的情况下，难以起到有效的警示作用。由于对事前、事中监督得不够，在申请资金过程中编造项目、夸大项目开支骗取

---

① 顾德瑞：《论分权背景下中央对地方财政之规制》，《现代经济探讨》2016年第8期。
② 参见李三秀《发达国家基本公共服务提供方式的考察》，载浙江财政学会《基本公共服务均等化研究》，中国财政经济出版社2008年版，第468—469页。
③ 张美玲、王化敏：《试论公共财政监督体系的完善》，《财会研究》2006年第7期。

资金的情况屡禁不止,在资金使用过程中截留、挪用、浪费资金的问题比较严重。"①

四 工具的具体财政行为差异缺失

地方政府的财政行为包括收入、支出和营运管理等各种不同的行为。其收入行为的异化主要表现为滥收等,侵犯纳税人的财产权等;支出行为的异化主要表现为财政资金的滥用、乱用和浪费,投向一些非民生领域,不能恪守"取之于民、用之于民"财政理念;营运管理行为主要是财政资金的使用效率过低,将大量财政资金投向竞争领域,党的十八届三中全会通过的《中共中央关于全面深化改革若干重大问题的决定》,国务院及有关部门相继出台的《关于深化国有企业改革的指导意见》《关于国有企业功能界定与分类的指导意见》等文件明确要求国有企业更多地投向关系到国家安全、国民经济命脉的重要行业和关键领域,就是对这一问题的回应。鉴于各财政行为的差异,中央规制工具的法律配置应当有所区别。对于地方政府的财政收入行为,中央规制的目的主要是防止其滥收,侵害纳税人权益,使用更多的是命令—控制型工具对其进行限制,借助信息工具获知相关情况;对支出行为,最为重要的是督促地方政府将更多的财政资金投向民生领域,命令式工具的效果较差,应当减少使用,多采用激励型工具,以协商合作的方式展开,并在信息工具的配合下了解实施情况;对于营运管理,为了提高财政资金的使用效率,首要的在于激励。为了维持公共性,可对其进行一些必要的公共投向限制。当然,必须要尊重地方政府在财政治理中的地位,充分发挥其作用,着重培养地方民主,提高纳税人意识。但实际上,各类工具的设计和运行并没有考虑这些行为的差异,对各类财政行为的特征及工具与其的匹配度等问题都没有太深入的考量,而是将各类工具统一地适用于地方财政行为,造成规制效果不佳,也对地方财政造成了不必要的干扰。

---

① 马海涛:《完善财政监督体系的若干思考》,《中央财经大学学报》2009 年第 10 期。

五　工具的辅助设施建设不足

财税信息平台等辅助设施建设不足，导致财税政策和信息碎片化以及信息传递的不畅等问题，影响了财税信息的互联互通，缺乏信息支撑的工具联动很难有效实现。当前，各类检查工具收集地方财政信息和发现问题等方面的功能逐渐彰显，但信息分析等环节依旧比较薄弱。通过现有的检查工具，中央政府仅能了解地方财政的某一方面，无法获知地方财政的整体情况，因而无法形成有效应对之策。年复一年的各种督查、检查和审计等，披露的都是同样的问题。而问题依旧是问题，缺乏有效的解决方案。这很大程度上是因为地方的各种财政行为之间存在密切联系。如果仅仅对一个方面进行规制，不能从整体上了解地方财政的各种信息，可能会陷入"头疼医头，脚疼医脚"的表面化治疗中，不能从根本上解决问题。例如，地方政府的税收优惠，从明目张胆的违法进行，到中央政府大力整治后的变相政策。对此，中央财税机关多次发文禁止。但地方政府的税收优惠如韭菜一样，割掉一茬，又迅速地生长出另一茬。在中央如此高压下，地方政府宁可触线也要为之，其中必有更为深层次的原因。只有从整体了解地方财政的情况，从中找出问题的源头，才能根治。再者，由于当前的财政信息系统存在数据源不完整、标准不统一、分析手段滞后等问题，导致当前财政监督工作难以实现过程监督、行政监督与决策分析。[1]

---

[1]　参见杨朝霞、逯峰、凌捷《地方财政电子化监督研究》，经济科学出版社2011年版，第89页。

第三章

中央规制工具配置的影响因素

中央规制工具的选择和配置不可能在真空下完成，必须考虑政治、经济、社会等多种因素。具体来讲，首先要考虑中央规制的目的，这是规制工具选择的根本要件，起着导向作用。其次要观测中央规制工具实施的环境，具体包括央地财政分权、本国财政治理状况和国际环境、民主程度、地理环境、历史和文化传统等，这些因素分别从不同的层面对规制工具的选择配置产生影响。再次，中央规制工具的选择和配置应当根据地方政府不同的财政行为，考虑不同的行为特征进行调整。

第一节　中央规制的目的

目的是中央规制工具选择与组合的根本要件，起着导向作用。不同财政类型的理念是不一样的，中央规制的目的也大不相同。从家国式财政到国家财政再到公共财政的变动，不仅是财政类型的简单过渡，更是财政理念的巨大转化。家国式财政以维护君权和王朝统治为目的，国家财政在于满足国家需要，公共财政在于促进纳税人权益的保障和基本权利的实现。"自秦朝统一六国以来，中国古代在实行中央集权的同时，长期实行郡县制、官僚制和职业兵制。即使是在多个地方性政权并存的分裂割据时期，郡县制、官僚制和职业兵制也是各个政权赖以生存的三大支柱。再加上从秦始皇到清朝宣统皇帝，皇权一直处于至高无上的地位。这反映到财政支出结构上，官员俸禄、军费和皇室消费这三项支出在中国古代国家财政支出结构中长期占据主要的地位。"① 封建王朝时期，依存于家国式财政样态下的中央规制，仅仅是维护皇权的工具，地方财政只是中央财政的延伸，不具有独立价值。国家财政是以国家为本体，"财政是国家在满足它的需要上，进行社会财富的分配和再分配的经济行为"②。此种财政类型下，满足国家需要具有优先性和根本性，纳税人的个体利益应当无条件服从和服务于国家建设，中央规制的内容主要是要求地方政府完全按照中央意志筹集收入、安排支出和营运。在这两种财政类型下，中央规制必然采取高度集权模式。

当前，我国财政正逐步向公共财政转化，以公共性为取向，均等化为主线，法治化为保障。③ 在此背景下，中央规制应凸显公共性。况且，"政府应当为之存在的最终缘由，或者最终目的，在于最大限度地促进公共的福祉"④。"从历史发展的逻辑而言，社会是国家的母体，国家是社会有机体的一个特殊的组成部分。所以，国家存在的意义无论如何也只是服务于社会的工具。"⑤ 所以，包括中央规制在内的国家运行都应以社会为本，而社会以人民为本，人民才是一切的根本，这就是民本主义。民本主义于财政领域表现为纳税人主义。从权力秉性来看，不论是中央规制权，还是地方的财权，其只是纳税人基本权利的衍生品，没有独立价值。因此，公共财政类型下，中央规制应在以纳税人为中心的理念指导下，着眼于保障纳税人权益和实现纳税人基本权利来设计和使用各种规制工具。纳税人权益的保障和基本权利的实现具有很强的地域性，不同辖区纳税人需求存在较大差异，需要地方政府因地制宜，积极发挥其作用。这就需要给予地方政府足够的行为空间和相当的财力，要

---

① 叶振鹏主编：《中国财政通史》（第 1—10 卷），湖南人民出版社 2013 年版，总序。
② 丁方、罗毅：《新财政学教程》，十月出版社 1951 年版，第 3 页。
③ 参见高培勇《中国公共财政建设指标体系：定位、思路及框架构建》，《经济理论与经济管理》2007 年第 8 期。
④ ［英］约翰·奥斯丁：《法理学的范围》，刘星译，北京大学出版社 2013 年版，第 321 页。
⑤ 郎毅怀：《从国家主义到民本主义：中国政治的体制与价值观》，中国发展出版社 2014 年版，第 9 页。

求中央政府不能过度集中财权财力，也不能过度干预地方财政。中央政府则从整体着眼，提高纳税人的公共福祉，既需要自身采取国家行动，服务于纳税人，也需要采取各种措施使地方政府服务于纳税人。简言之，以纳税人为中心的理念构建中央规制的体系，并指导其运行。

第二节 规制工具的实施环境

规制工具的选择配置，受到多种因素的影响，如经济社会的发展水平和财政治理的状况以及国际环境、民主程度、地理环境、历史和文化传统等，有着一定的规律性。这些因素从不同方面，以不同形式产生影响。首先，当前经济社会的发展水平和财政治理的状况以及所处的国际环境，是财权财力集中程度和中央干预力度选择的先决条件，影响规制工具选择配置的各个方面。所处的国际环境越复杂，中央政府财权财力集中的程度越高，命令—控制型工具的使用会更多。其次，一个国家的民主程度影响地方自我规制的能力和中央规制方式的选择。一般情况下，地方民主越发达，中央政府财权财力的集中程度越低，对地方财政的干预程度越小。反之，亦然。再次，地理环境的阻隔性在一定程度上影响着"大一统"和"地方分治"的传统。通常情况下，较为封闭的地理环境容易形成"大一统"的传统，地区间阻隔性比较大的容易产生"地方分治"的传统。最后，历史和文化传统内含的集权和分权思想具有很强的历史延续性。一般来讲，历史和文化传统中内含集权思想的，其财政集权程度相对较高，命令—控制型工具就较多；内含分权思想的，则相对较低，具有协商性的央地财政协议等较多。在对一国中央规制进行调整时，要认真对待这些因素，综合考虑这些因素的影响，使得调整合乎时宜，合乎国情。

一 央地财政分权模式

财政分权只是对于那些财政相对集权的国家而言，将其定位为世界趋势有失偏颇，并不足以涵盖各国财政治理的真实情况。当今世界，中央对地方财政的规制呈现两种不同的演进路径：一种是逐步分权，但伴随着严密监控体系的构建，如法国；另一种是逐步集权，努力提升中央政府的权威、提高其财政治理的能力，如美国。但是，无论如何演进，各国均朝着适度集权的趋势发展，都在适度集权模式的射程范围内。这种模式的变动将会使得规制工具使用频次和结构等发生较大变化，并影响不同工具的组合使用。

在法国，位于巴黎的中央政府作出财政决策，以支配或控制其他地区，乃成为其财政活动最主要典型之权力运作模式。中央政府大权在握，集权集钱之结果，固能使国家统治权力之意志有效贯彻，然不免失去因地制宜、弹性权变之空间。为修正此一发展方向上之缺失，除超国家层面之欧洲整合外，于国家范围之内地方化或去中央化之发展趋势，亦成为20世纪80年代以来重要之法制议题。[①] 1982年法国通过了《关于市镇、省和大区的权利和自由法》，开始了其分权改革。地方政府获得了一定的财政自主权，取消了国家代表的各种审批权限和财政事务的管理权，将财政事务的执行权移交给了地方议会，地方享有开征一些税和确定部分税种税率等权力。但为防止过度分权带来的不利后果，法国中央政府仍通过派驻国家代表和经济、财政与工业部垂直管理公共会计以及审计法庭借助提建议、作裁决、促整改和作评估的方式干预地方财政行为。

美国刚刚建立时，采用的是邦联制，邦联政府的财政收支活动依赖于各州，整个国家极度松散，呈现"弱中央、强地方"的境况，严重影响了美国经济社会的发展。为改变这种状况，美国逐步向联邦制过渡。"两百余年来，美国统治集团通过联邦最高法院确立的判例和国会的立法活动，使宪法的联邦制适应着资本主义不同历史阶段的需要，在各级政府间不断调整着权力配置关系。美国各级政府间重新配置权力的趋势之一是循着联邦政府集权的方向进行的。美国宪法不少条文都被从宽解释，服务于联邦政府集权的目的，其中发挥关键作用的是联邦宪法和法律的最高地位条款、联邦负责管理州际贸易的条款（商业条款）、为执行宪法列举式授予的权力，联邦国会有权制定'必要而适当法律'的条

---

① 参见黄源浩《法国地方税之危机与转机》，《台大法学论丛》2006年第3期。

款（弹性条款）"①。在财政领域，美国宪法制定生效后，有关联邦与地方法律地位的规定，构成了政府间财政关系的基本准则。虽然条文本身十分简单，对联邦权力的规定也不是非常清晰，但通过法院宪法审查案例的不断积累，政府间的财政关系越来越清晰。地方财政一旦超越宪法的界限，就有可能被联邦最高法院宣布违宪。②联邦政府的专管事务和共管事务，则由联邦部门及其分支机构负责执行，联邦部门垂直领导地方分支机构。如农业部有4个司局分别在地方设有分支机构，实行垂直管理，其中农业部下属的林业局设有9个地区办公室、农村发展局47个州办公室、农场服务局54个州办公室、农业研究服务中心5个地区办公室。③另外，由于美国各地经济社会发展水平相对均衡。所以，均衡性转移支付没有太多适用空间。加之，联邦对州和地方的专项转移支付由来已久，其专项转移支付特别普遍。从20世纪20年代中期开始，转移支付不再是无偿提供的，绝大多数转移支付项目开始要求州政府提供相应的配套资金，同时州和地方政府必须按照联邦政府规定的程序和标准来实施这些项目。④再者，联邦政府还借助先进的信息技术对地方财政情况进行详细了解。联邦统计局在21个州设有统计中心，对每个州内每个县政府的财务状况掌握得非常全面，对地方税费、债务、现金和股票持有量、企业收入等事项都知道得一清二楚。⑤

二 本国财政治理状况和国际环境

中央对地方财政的干预力度以及规制工具的选用和配置，都是基于经济社会发展水平和财政治理状况而展开的。如果超越所处阶段，不顾本国实际情况贸然调整，可能使得财政治理的情况更加糟糕。中华人民

---

① 童之伟：《国家结构形式论》，北京大学出版社2015年版，第333页。
② 参见熊伟《财政法基本问题》，北京大学出版社2012年版，第102页。
③ 参见沈荣华《分权背景下的政府垂直管理：模式和思路》，《中国行政管理》2009年第9期。
④ 参见刘畅《美国财政史》，社会科学文献出版社2013年版，第350页。
⑤ 参见张千帆《国家主权与地方自治——中央与地方关系的法治化》，中国民主法制出版社2012年版，第171页。

共和国成立初期，百废待兴。为了迅速恢复经济和保障民生，必须兴建各种基础设施，这需要一个强大的中央政府，此时地方的财政权限较少实属必然。但当经济社会发展到一定水平，需要充分发挥地方积极性时，中央政府应及时向地方下放部分财政权限，转变规制方式。如我国当前：地方政府尤其县乡基层政府的财政自给能力低下，履行事权时严重缺少与之匹配的财力，长期陷于财政困境；由于县乡基层政府承担着大量基础教育、医疗卫生和社会保障等基本公共服务的提供职责，故能否保证其合理的财力水平直接关系到基层民生保障和经济社会能否协调发展，直接影响到我国国家治理水平的高低和治理目标能否顺利实现，[①]这就需要对地方适度放权。而对于美国而言，其建国初期，联邦政府处于相对弱势的地位。随着经济社会的发展，联邦政府对地方财政的控制逐步增强。不论是前者中央政府下放财政权力，还是后者联邦政府扩权，其最终都是中央对地方财政进行适度规制转变。此种规制下，地方财政权限适度、行为合法，经济社会不断发展，纳税人的福祉不断提高。除此之外，国际环境，尤其是周边环境在一定程度上影响中央政府财权财力集中的程度，如果环境复杂，需要应对的国际挑战较多，则中央财权财力集中程度高一些，命令—控制型工具的使用多一些；反之，则低一些。

三 民主程度

地方民主程度的高低既影响地方民众参与地方财政治理的程度和效果，也作用于中央政府和地方政府财政关系处理方式的选择。地方民主是建构和完善地方自我规制体系的重要前提。一般来讲，民主程度越高，地方民众参与地方财政治理的程度越高，对地方财政权力的约束力度越大，同等情况下，中央政府和地方政府财政分权的程度也就越高。"美国之所以能够成就民主，很大程度上是因为美国存在大量由人民实

---

① 贾康、白景明：《县乡财政解困与财政体制创新》，《经济研究》2002年第2期；乔宝云、范剑勇、冯兴元：《中国的财政分权与小学义务教育》，《中国社会科学》2005年第6期。

行自治的乡镇组织。"① 这也造就了美国相对分权的财政治理模式。在民主程度较高的国家，中央政府多采用引导激励与协商合作等方式解决政府间的财政问题。例如，澳大利亚联邦政府为了解决专项转移支付存在的诸多问题，在2008年与州政府签订了政府间财政关系协议，将90种特别目的拨款合理化为五种全国专项转移支付。

四　地理环境

地理环境对"大一统"和"地方分治"的传统起着重要作用。亚里士多德很早就提出"地理环境决定民族性格"的观点，各国的地理环境，如土地、气候不同，形成各国人民不同的特性。让·布丹明确表示，国家最可靠的基础，是使政体形式适合人民的天性和气质。② 孟德斯鸠在《论法的精神》中，第十四章到第十八章分别论述了法、民事奴隶法、家庭奴役法、政治奴役法与气候性质的关系以及法与土壤性质的关系，系统阐述了社会制度、法律和民族精神与气候和地理环境的关系。到了19世纪，地理环境决定论成为社会学中的一个学派，主要代表人物是德国的F. 拉采尔。虽然这种理论的影响力正在消减，但其对各国"大一统"和"地方分治"传统的形成仍具有较强的说服力。在印度，德干高原横贯南北，东高止山脉和西高止山脉分布东西两侧，使得沿海地区比较狭长，经济难以向内陆纵深发展。山脉纵横，造成经济社会发展的碎片化。印度的经济重心主要分布在横河流域和旁遮普地区，各地之间设置关税，缺乏统一的基础。所以，在历史上，仅有孔雀王朝、莫卧儿王朝处于统一状态，时间十分短暂。希腊城邦制的形成和其山脉纵横的地理环境也有着密切的联系。而我国北有草原、南边和东边有大海、西北有天山山脉和戈壁沙漠、西南有喜马拉雅山脉，在交通不发达的年代，使我国形成了相对封闭的地理环境。这种独特的地理环境孕育了不同的东方文明，而"大一统"的政治理念始终与这一文明如

---

① ［法］托克维尔：《论美国的民主》（上卷），董果良译，商务印书馆1996年版，第61页。

② 参见徐大同主编《西方政治思想史》，天津教育出版社2001年版，第113页。

影相随。所以，在我国历史上，"大一统"始终是主旋律，为了维持大一统的格局，多倚重于命令—控制型工具。

五 历史和文化传统

历史和文化传统具有很强的延续性，这源于"天然的守旧思想是人们心灵的一种倾向。那是一种厌恶变化的心情；它部分的产生于对未知事物的怀疑以及相对应的经验而不是对理论论证的信赖；一部分产生于人们所具有的适应环境的能力，因此，人们熟悉的事物仅仅因为其习以为常就比不熟悉的事物容易被接受和容忍"①。"在西方大多数国家，长期以来奉行'主权在民'、'社会契约'等政治理念，地方自治的观念由来已久，在许多西方人的心目中，地方政府就意味着地方自治；地方政府与中央政府之间没有法律上的上下级关系。而在中国，与西方国家强调地区多元化和多样性不同，长期以来奉行大一统的政治文化，中央集中统一的理念根深蒂固，在中央和地方关系上，地方政府是中央政府的下级单位，更强调地方对中央的政治服从。"② 即"普天之下，莫非王土，率土之滨，莫非王臣"③。"隆一而治，二而乱。自古至今，未有二隆争而能长久者。"④ "'大一统'思想核心是疆土一统和以治权及法令制度为中心的政治一统，同时也涉及思想一统和文化认同。"⑤ 我国两千多年来封建王朝的更迭始终围绕着"一统天下"这一主线，从秦灭六国一统天下和汉承秦制的延续、到隋结束魏晋南北朝的混乱局面和强唐的出现，再到宋终结五代十国实现基本统一和元明清四海归一的态势，无不体现着"大一统"的政治理念。在各个朝代的统治中，中央政府始终秉持着"大一统"的治国理念，采取各种措施对地方施加影响，以保障中央权威和国家统一。虽然当今国家治理的目的等与古代社会存在本质的区别，但维护中央权威，采取各种措施贯彻中央意图仍是处理包括

---

① [英]休·塞西尔：《保守主义》，杜汝楫译，商务印书馆1986年版，第3页。
② 任进：《比较地方政府》，北京大学出版社2008年版，第262页。
③ 《诗经·小雅·谷风之什·北山》。
④ 《韩非子·扬权》。
⑤ 张子侠：《"大一统"思想的萌生及其发展》，《学习与探索》2007年第4期。

财政事务在内的央地关系的关键。并且"一元"权力观念是我国宪法文化最为重要的组成部分，深刻影响着国家的治理结构和权力配置。"统一"一词在我国《宪法》出现 13 次之多，不仅体现在国家战略和民众义务上，也渗透到国家各项具体工作的开展中。"一府两院"对人大负责、国务院统一领导地方各级国家行政机关工作等组织结构的设计，无不体现"诸权归一"的思想。

第三节 地方财政行为的类型

对于地方政府的财政收入行为，中央规制的目的主要是防止其滥收，侵害纳税人权益，使用更多的是命令—控制型工具对其进行限制，借助信息工具获知相关情况；对支出行为，最为重要的是督促地方政府将更多的财政资金投向民生领域，命令式工具的效果较差，应当减少使用，多采用激励型工具，以协商合作的方式展开，并在信息工具的配合下了解实施情况；对于营运管理，为了提高财政资金的使用效率，首要的在于激励。为了维持公共性，可对其进行一些必要的公共投向限制。

一 地方收入行为

地方收入权限，由地方税权[①]和非税收入权两部分构成。地方税权与各税种本身的特性和国家的财政治理状况息息相关，有着不同的类型（见表 3-1）。而非税收入的来源大致分为政府公权力、国有资产和政府信誉等。来源不同，地方政府享有的权限也不一样。当前，对地方收入权限调整的总体趋势是扩大地方税权，严格约束非税收入权，在正式制度内实现中央政府和地方政府的合理分权。这种趋势正逐步演变成财政实践，服务于我国财政治理的变革。《环境保护税法》第 9 条第 3 款将部分税基调整权纳入地方税权，进一步扩充了地方税权的内容，可为未来其他地方税的立法提供借鉴。《国务院办公厅关于进一步加强涉企收

---

① 地方税权最为核心的内容当属税收立法权，所以本部分对地方税权的探讨主要集中于地方税收立法权。

费管理减轻企业负担的通知》（国办发〔2014〕30号）严格限定涉企行政事业性收费和政府性基金的设立以要求建构"收费清单"制度等，表明了中央政府严格约束地方政府非税收入的意图。

表3-1　　　　　　　　税收自主权的类型

a.1	次中央政府在不需向高层级政府请示的情况下，设定税率和任何税收优惠
a.2	次中央政府在向高层级政府请示的情况下，设定税率和任何税收优惠
b.1	次中央政府设定税率，高层级政府不对税率进行高或低的限制
b.2	次中央政府设定税率，高层级政府对税率进行高和低或采取其中一种进行限制
c.1	次中央政府可以设定税收优惠，但仅可以设定免税
c.2	次中央政府可以设定税收优惠，但仅可以设定抵免
c.3	次中央政府可以设定包括免税和抵免在内的税收优惠
d.1	税收分享中次中央政府可以决定收入分配
d.2	税收分享中收入分配必须经次中央政府同意才能改变
d.3	税收共享中的收入分配规定在法律中，并且更高层级的政府可以单方面改变收入分配，但这种改变至少一年以上
d.4	税收共享中的收入分配由更高层级的政府每年变动一次
e	中央政府可以设定次中央政府税收的税率和税基
f	以上都不适用

资料来源：Hansjörg Blöchliger, *Tax Assignment and Tax Autonomy in OECE Countries*, in Núria Bosch&José M.Durán（ed.）, *Fiscal Federalism and Political Decentralization*, Gloucestershire：Edward Elgar Publishing Limited, 2008, p.59。

"税收分配关注的是纵向府际之间税权的最优配置。其要解决哪一层级的政府选择税种征收，哪一级确定税基，哪一级决定税率，最后由哪一级来执行和管理税收工具。关于这一问题没有一个被人们普遍接受的架构。"① 在美国，联邦政府并不具体规定州和地方政府税权的范围，而是各自拥有相对独立的税权，但"州和地方在以下方面受到联邦的限

---

① Maria Flavia Ambrosanio and Massimo Bordignon, *Normative Versus Positive Theories of Revenue Assignment in Federations*, in Ehtisham Ahmad（ed.）, *Effective Federalism and Local Finance Volume II：Federal and Decentralized Policy, Governance, Issues and Challenges*, Gloucestershire：Edward Elgar Publishing Limited, 2011, p.175.

制和制约：一是禁止任何州课征进出口关税；二是不得歧视非本州居民；三是不能对来自其他州的货物征税；四是不得对联邦政府的债券征税；五是规定当州和地方政府出现不适当课税时，联邦最高院有权作出停征的规定"①。在法国，税收立法权集中于中央政府，地方政府仅享有个别税种的部分税权。据《法国税收总法典》，垃圾清洁税、打扫税、建筑用地有偿转让税、商业荒地税四个税种可由地方自主立法决定是否开征；根据《对地方直接税规制的第80—10号法律》规定，地方自主投票决定税率的有住房税（Taxed' habitation）、已开发土地税（Taxefoncièresur les propriétés non bâties）、未开发土地税（Taxefoncièresur les propriétésbâties）和商业不动产捐税（Cotisationfoncière des entreprises），税率自主权只限于市镇、市际合作公共机构（EPCI）和省级这些行政主体。在德国，联邦政府集中了大部分税权，并对税收享有优先立法权，州政府仅对个别税种享有立法权。《德国基本法》第105条（2a）规定："地方消费税和奢侈物品税不与联邦法律规定的同类，各州享有立法权。各州有权规定土地购置税的税率。"日本则以统一的《地方税法》约束地方自治团体的税权，地方自治团体要开征法外税，则需要经过自治大臣的同意，方可进行。当前，我国地方税权主要集中一定幅度内税率的确定权、税基的调整权、部分税种的减免权、计税依据、纳税期限、征税机关、纳税地点等的确定权。例如，《契税暂行条例》第3条规定省、自治区、直辖市人民政府可以在规定的幅度内确定契税税率；《环境保护税法》第9条第3款规定省、自治区、直辖市人民政府可以增加同一排放口征收环境保护税的应税污染物项目数，调整环境保护税税基；《车船税法》第5条规定省、自治区、直辖市人民政府可以对特定类型的车船决定定期减征或者免征车船税等。对于税收的核心要素——税率和税基等，地方实质上没有太多决定权，基本掌握在中央政府手中。

"在一般情况下，公共物品的受益对象首先是特定地域的居民，而不同地域的居民往往有着不同的消费偏好，这使得公共物品的供给具有明显的层级性和地域性特征。而地方政府最接近民众，在了解和掌握本

---

① 彭健：《地方财政理论架构与体制优化》，中国社会科学出版社2010年版，第69页。

地居民需求方面具有得天独厚的区位优势,由其提供地方性公共物品,可以有效地降低信息成本、议价成本、决策成本和监控成本,便于充分满足不同地区对公共物品多样化、个体性的需求。尤其是我国幅员辽阔,各地自然条件、经济发展水平、税源分布状况相差悬殊,这样,在保证全国税政统一的前提下,让地方以立法形式做出不同的税收安排,不仅有助于地方因地制宜、积极努力地发展经济、培植财源,形成稳定的财政收入预期和长远规划,而且有助于地方优化配置区域性资源,有效地提高公共物品的供给数量与质量。"① 各地经济社会发展差异性较大,如若地方税完全整齐划一,不仅不能适应各地的具体情况,也不符合地方税本身的地方特性和设计初衷。并且"地方税收立法权的价值定位根植于中央税收立法权的功能缺陷,纳税人的税收给付能力因征税客体负税能力的地域差异而存在不同,中央统一立法的刚性与普遍适用性无法回应客观存在的征税客体负税能力的地域差异证成了地方分散立法存在的必要性,从而也定位了地方税收立法权的首要价值功能——量能平等负担之价值功能。申言之,地方税收立法体制下税法数量的复数性能够为不同地方税收要素的差异化安排提供可操作性空间,而通过体现等级性的税收要素的差异化安排,能够实现根据征税客体在不同地域的实际负税能力对纳税人征税的量能平等负担原则。以量能平等负担为价值定位,地方税收立法权的授权标准、授权方式及授权机制等都需要进行相应的构建和完善。有鉴于此,有必要进一步扩大地方税权,尤其是税收立法权"②。

当然,"合理划分税权,必须按照现代市场经济运行特点和现代政府分级管理的要求,本着效率原则,在强化中央统一立法和加强监控的前提下,适当下放部分税收立法权"③。鉴于我国现行《立法法》关于"税收法定"的硬性规定和地方财政治理的现实情况,地方税权的下放

---

① 苗连营:《税收法定视域中的地方税收立法权》,《中国法学》2016年第4期。
② 黎江虹、沈斌:《地方税收立法权的价值功能转向》,《法学》2019年第7期。
③ 张衡:《土地财政问题的宪法学思考》,载张献勇、姜起民《财政民主与预算法治研究》,知识产权出版社2016年版,第280页。

可大体分为两个阶段：第一个阶段，赋予地方更多决定地方税税率和税基的权力。第二个阶段，"最高立法机关统一制定地方税法后，地方不仅可以选择是否在本地区实施，一旦选择实施，法律还可以赋予地方机动空间，让地方在税率税基的确定、税收征收管理方面享有一定的灵活性"①。即采取"法定+授权"模式。但是，不宜由地方政府独立行使税收立法权，这可能造成税种的庞杂，而且会破坏税制的统一，进而影响全国统一市场的建设，阻碍经济社会的发展。更为重要的一点是，不论地方税权发展到何种程度，其既不超过对所有税权的限制，也不能超出对地方税权本身的限制。前者表现为课税禁区，后者表现为对地方税课税客体的限制。不论地方政府拥有多大的税权，中央政府必须采取一定手段防止其进入课税禁区。"体现在生存权保障上，最低生活需求及生存性财产不可侵入，以保障纳税人有尊严地生存和发展；在财产权保障上，课税不能构成对财产权本体的征税，也不能绞杀人民投入经营和生产的经济动机。"② 符合人性尊严基本生活需求之经济生存权是税捐基本权的核心领域。③ 另外，基于税种具有不同的特性，并不是所有的税种都可成为地方税。根据马斯格雷夫的观点，具有收入再分配性质的、促进经济稳定的、具有税基分布不均匀性质的、税基流动性大的、税负容易转嫁的税应当归属中央政府；以居住为依据课征的税属于州（或省）政府；税基分布均匀、税基流动性小，税负不容易转嫁的税，属于地方政府；受益税及收费对各级政府都是适用的。④

我国非税收入在地方财政中占有重要地位。以政府性基金为例，2013—2015 年地方政府性基金本级收入分别为 48006.91 亿元、49995.87 亿元、38218.12 亿元，而且同期的地方一般公共预算本级收入分别为 68969.13 亿元、75859.73 亿元、82982.66 亿元，占比分别

---

① 熊伟：《税收法定原则与地方财政自主——关于地方税纵向授权立法的断想》，《中国法律评论》2016 年第 1 期。
② 黄士洲：《税课禁区与纳税人权利保障》，《月旦财经法杂志》2010 年第 23 期。
③ 参见黄俊杰《税捐基本权》，元照出版有限公司 2006 年版，第 67 页。
④ 参见毛程连、庄序莹编著《西方财政思想史》，复旦大学出版社 2010 年版，第 259—260 页。

为69.6%、65.9%、46.6%，足见其对地方政府的重要性。在印度等国家，非税收入也是地方政府重要的财源。《印度宪法》对州政府的支出分配并不是很明确，但对联邦政府和州政府的收入来源规定的相对明确。州政府除了可以得到一部分税收收入外，其也可以获得非税收入。非税收入包括州政府提供各种经济服务和投资的返还以及基于贷款和预付款的利息收入。州政府仅仅依靠税收收入根本无法实现其宪法责任。[1]根据取得依据不同，非税收入大致分为利用政府公权力取得的非税收入，如行政收费、政府性基金、罚没收入；利用国有资产取得的非税收入，如国有资源收益、国有资产收益；利用政府信誉取得的非税收入，政府性债务和或有债务、接受社会捐赠和发行彩票等。[2] 不同类型的非税收入，地方政府享有的财政权限各不相同。

利用政府公权力取得的非税收入，因涉及公权力的行使，与纳税人的利益息息相关，具有严格的适用条件。未来，须制定《行政收费法》和《政府性基金法》等对行政收费和政府性基金征收的原则、类别、设立和征收程序、资金管理、监督、违反规定的处罚等进行规定，并严格行政收费和政府性基金设立依据。许多国家在不同程度上践行财政法定，对行政收费进行规范。《芬兰宪法》第62条规定："关于政府机关服务收费和文件收费，以及国营的邮政、铁路、河道、医院及其他公用事业收费的一般原则，由法律规定。"在德国，联邦制定了《行政收费法》，该法规定了成本覆盖的行政收费原则、确定了行政事务免费的类别、制定了对费用债权人和债务人的规定、收费如何计算等。目前德国13个地域州，3个城市州，均由专门的收费法案，其中最早颁布实施的是1957年柏林州《规费和受益费法》，最晚的是下萨克森州2007年颁布的《行政开支法》。[3] 加拿大也制定有《使用者付费法》。当然，不同类型的行政收费，地方政府享有的财政权限是不一样的。行政特许费、

---

[1] See Ghazala Aziz and Mohd. Saeed Khan, *Federal Finance in India*: *Fiscal Imbalances of States and Central Transfers*, New Delhi: New Century Publications, 2012, pp. 7-8.

[2] 参见刘寒波、易继元、郭平等《政府非税收入概论》，湖南人民出版社2015年版，第9—13页。

[3] 参见史莉莉《德国公共收费的概况、立法及启示》，《政治与法律》2012年第8期。

特别收费这两类行政收费，它们的共同特点是：收费额度较大，对行政相对人生产、生活有时会产生较大的影响；涉及市场经济公平性、规制措施的统一性，且如对收取特许费的设定，《行政许可法》本身已经有了明确规定。① 除法律、行政法规外，地方性法规②、规章不得设定这两类行政收费。工本费、使用费和受益费这三类行政收费，它们的共同特点是：收费额度较小，对行政相对人财产权影响不大，且行政相对人通常是以享受特定服务为前提；所涉及的收费事项主要是地方性的，且各地情况具有较大的差异性。所以，除了法律、行政法规外，地方性法规可以设定这三类行政收费。③ 而对于政府性基金，地方享有根据自身情况申请设立特定政府性基金的权力，但须由中央批准。当前，中央政府对于行政收费和政府性基金的设立等已经开始逐步严格约束。与《财政部关于印发〈政府性基金管理暂行办法〉的通知》（财综〔2010〕80号）相比，《国务院办公厅关于进一步加强涉企收费管理减轻企业负担的通知》（国办发〔2014〕30号）将新设立涉企行政事业性收费和政府性基金项目的依据限定于法律、行政法规，中共中央、国务院文件不再作为依据。并且，我国正强力推动收费目录清单制度。《国务院办公厅关于进一步加强涉企收费管理减轻企业负担的通知》（国办发〔2014〕30号）要求地方对涉企行政事业性收费、政府性基金和实施政府定价或指导价的经营服务性收费，实行目录清单管理，并对外公开，对目录以外的收费不得执行。如2014年12月，山东省财政厅和物价局以公告的形式公布了《山东省行政事业性收费目录清单》、《山东省涉企行政事业性收费目录清单》和《山东省政府性基金目录清单》。实行目录清单管理，是行政机关对收费权力的自我限制，在一定程度上减少了地方行政机关滥收费的现象，但依旧无法解决其形式合法性的问题。行政收费设立权由地方行政机关来行使，是财政权力主体的错位，应由

---

① 《行政许可法》第58条第1款规定："行政机关实施行政许可和对行政许可事项进行监督检查，不得收取任何费用。但是，法律、行政法规另有规定的，依照其规定。"

② 本部分的地方性法规均指省、自治区、直辖市的人民代表大会及其常务委员会制定的地方性法规。

③ 参见章剑生《行政收费的理由、依据和监督》，《行政法学研究》2014年第2期。

地方权力机关行使。部分行政收费的设立权归属地方，并不存在太大异议，但其应由省、自治区、直辖市人大及常委会行使，且有法律、行政法规的依据或授权，并向全国人大常委会备案。在罚没收入中，司法罚没统一由法律规定，地方没有设立权。地方性法规可以对违法行为设定行政罚没，对此中央政府享有优先立法权。中央政府对违法行为已经作出罚没规定，地方性法规需要作出具体规定的，必须在规定的给予罚没的行为和幅度的范围内规定。按照罚没权限归入本级财政收入，但非由执收单位直接使用，严格按照"收支两条线"的要求执行。

对于国有资产有偿使用收入、国有资本收益由拥有国有资产（资本）产权的人民政府及其财政部门按照国有资产（资本）收益管理规定征收。对于基于政府信誉的，捐赠收入主要由捐赠者指定的捐赠对象来接受捐赠。彩票的设立权在中央，除基于财政目的外，还有限制彩票不利影响的意图，地方享有按照一定比例获得彩票公益金的权利。主管部门集中收入、政府收入的利息收入及其他非税收入，按照同级人民政府及其财政部门的管理规定征收或者收取。①

对于地方债，在中央政府并不完全禁止地方政府进行借贷的国家，有许多措施对地方政府的借贷进行限制。这些附加在地方政府借贷上的限制将会影响地方政府关于重要发展项目的自主权。有以下四种不同的方法限制地方政府借贷：第一种，市场约束。在一些拥有活跃金融市场的国家，市场力量可以制约地方政府借贷，市场参与者监督地方政府并促使其按照市场规则进行借贷。第二种，中央政府和地方政府进行合作性安排。在一些欧洲国家和澳大利亚，中央（联邦）政府和地方政府通过协商来设计对地方政府借贷如何控制，地方政府积极参与这些控制规则的设定并自愿服从它们。第三种，以规则为基础的控制。中央政府也可以单方面地制定财政规则对地方政府借贷进行控制。规则将采取不同的限制形式，整体预算赤字（奥地利、西班牙）、运营预算赤字（挪威）、债务—服务能力指标（西班牙、日本、巴西、韩国）、积累的地方债的水平（匈牙利）、支出水平（比利时、德国）。第四种，行政限

---

① 《政府非税收入管理办法》（财税〔2016〕33号）第9条。

制。在一些国家，中央政府被赋予了直接管控地方政府借贷的权力。这种管控可以采取多种形式，包括对各地方政府每年债务总额进行限制（立陶宛）；对于直接对外借贷给予特殊对待或禁令（印度尼西亚、墨西哥）；对于各地方政府的借贷规划进行审议和授权，包括条款和内容的批准（印度和玻利维亚）；或者集中所有政府的借贷然后借给地方政府（拉脱维亚、印度尼西亚）。① 在法国，各级地方政府对外举债时，可由地方议会和政府自主决策，严格按相应的法律法规运作，中央原则上不采取审批等直接管理方式进行干预。但法国经济、财政与工业部内的国库司下设"债务管理中心"，负责对各级政府的资产和负债情况进行日常监督和管理，确保各级政府债务能够及时偿还并履行对欧盟承担的义务。② 在澳大利亚，由联邦政府总理（通常由财政部部长代表）与各州政府州长或其指定的代表组成的贷款委员会，对地方的举债行为进行控制，地方向贷款委员会呈递举债计划（Programme）并进行相关说明。日本采用的是与中央政府协商的机制，如若地方自治团体与中央政府协商，则能获得中央政府对债务的担保等；如若不协商，则地方债完全由地方自治团体自我负责，中央政府不承担任何责任。

"地方发债毕竟不同于课税，它必须基于债权人的自愿，不能强迫，而且必须还本付息，加之发债主体众多，国债、地方债、企业债并列杂陈，竞争激烈，如果不充分考虑市场因素，地方债必会面临重重困难。正是这一因素的加入，地方政府的竞争压力骤增，其债券是否能顺利发行，是否能以最低利率发行，期限结构是否能如愿，取决于投资者对发债者的信心，相关因素包括地方的财政透明度、信用等级、经济发展水平、政府治理能力、法治发展状况、对投资者的保护程度等。易言之，在地方债发行过程中，债权人享有很大的主动权，对地方政府构成强大

---

① See *Local Government Discretion and Accountability: A Local Governance Framework*, Report No. 40153 of World Bank, 2007, p. 32.
② 参见楼继伟《中国政府间财政关系再思考》，中国财政经济出版社2013年版，第207页。

的反作用力。善用这种力量，可以促使地方改善治理，提高公共服务水平。"① 有鉴于此，中央政府采取的各种公法措施应当逐步退出，向市场化控制转变。但这不是一蹴而就的，有待地方政府成为相对独立的财政主体、债券市场的进一步发展、信息披露和信用评级等制度的逐步完善，方可全面实现。然而，无论如何市场化运作，中央政府保留必要的监控措施，建立预警机制当属必然。而就当前而言，我国地方政府性债务不断积累，财政风险较大。截至 2015 年年底，江西省局部债务率偏高，湖南省政府性债务也已经积累了较大规模；地方融资平台转型难度大，在有关融资平台转型政策出台后，一直没有相关的配套办法进行指导，地方"发展依赖项目，项目依赖融资"现象普遍，融资平台的政府投融资职能很难简单免除；部分市县通过保底承诺、回购安排、明股实债等方式将 PPP 异化，隐蔽性更强，加大了监管难度。这些方面充分说明了地方财政风险隐患增多，有转化为公共风险的趋势，应当严格实行债务限额控制，严格控制违规举债行为，并规范 PPP 的发展。②

二 地方支出行为

对于地方支出，主要着眼于减少强制性支出，扩大地方政府的支出权限。对于保障纳税人基本权利的财政支出，如符合相关要件，中央政府可以强制地方政府支出并设定标准，但必须采取法律形式。除此之外，对于其他事项，地方政府可以根据当地的具体情况自主决定。在支出制度的实施中，地方政府享有一定的自由裁量权。例如，根据《政府采购法》第 7 条和第 8 条的规定，属于地方预算的采购项目，其集中采购目录和政府采购限额标准，由省、自治区、直辖市人民政府或其授权的机构确定并公布。当然，地方政府在自主行使其支出权时，还要恪守财政法的基本原则、按照相关程序和技术规程操作。在程序上，地方政

---

① 熊伟：《地方债券市场化有助政府公共治理》，《中国社会科学报》2015 年 7 月 1 日第 008 版。

② 参见中国财政科学研究院 2016 年 12 月发布的《关于中部地区财政经济运行的调研报告——基于湖南、江西的调研》。

府的财政支出应按照相关法律的规定进行，如政府采购中的公开招标等。技术层面，地方政府应遵循统一的技术规程，以便政府间财务上能够更好地衔接，提高整体运行效率，如统一预算科目的设置。当然地方政府如果受中央政府的委托使用中央财政资金，则需严格遵循中央政府的具体要求。

地方政府的全部支出均以预算形式表现出来，[①] 所以，地方支出自主权的大小取决于地方预算受限制的程度。《预算法》对地方支出自主权作了相应规定，其第 37 条第 3 款规定："各级一般公共预算支出的编制，应当统筹兼顾，在保证基本公共服务合理需要的前提下，优先安排国家确定的重点支出。"从该条款的逻辑来看，满足基本公共服务合理需要具有优先性，国家确定的重点支出只能在其获得满足再予以考虑。换言之，如果地方财政无法满足基本公共服务合理需要，就可以不对国家确定的重点支出领域进行财政投入。

强制性支出和统一标准的设定，在保障纳税人基本权利方面具有不可替代的作用，不能因其当前在我国存在乱象，就完全否认其积极意义。《国务院关于在全国建立农村最低生活保障制度的通知》（国发〔2007〕19 号）要求地方各级人民政府将农村最低生活保障资金列入财政预算。姑且不论，以规范性文件的形式作出此项规定是否恰当，但此种要求具有实质正当性。所以，目前，我们应当着手做的是对这一制度进行改造，限定其适用范围，明确其适用条件，而非因噎废食，弃之不用。对于非用于保障纳税人基本权利的支出，如科技和体育支出，其虽然能够推动经济社会的发展、提高国民的体育素养，但其与纳税人基本权利的保障没有太大关联，不具有保护的紧迫性和必然性，只是社会发展到一定阶段纳税人更高层面的需求，因而不具有强制的正当性。所以，中央政府不得强制地方政府这方面的支出，应由地方政府自主安排。在地方政府的财政资金不足以安排保障纳税人基本权利等事项时，可减少甚至不对这些领域进行支出。对于属于纳税人基本权利范围的事项，也并不是全部采用强制性支出的方式。其针对的是那些未实现或未

[①] 《预算法》第 4 条第 2 款规定："政府的全部收入和支出都应当纳入预算。"

完全实现的基本权利,目的在于有力地推动这些权利的实现。对于那些已经获得了各级政府比较有效保障的权利,不应当列入强制性支出的范围,已经列入的应从中剔除。强制性支出制度是动态发展的,随着基本权利保障情况的变化而变化。除应当符合前述要求外,强制性支出的项目还应当属于地方财政应当负担的部分。对于应由中央财政负担的,不得采用此种方式转嫁其责任;央地共同承担的,分清各自承担的比例。概言之,强制性支出,在形式上,必须以法律形式存在,没有法律依据,不得为强制支出;内容上,只能针对那些未实现或未完全实现的纳税人基本权利,而且应当由地方负担的部分。如正在推进的"精准扶贫"工作,其意在保障纳税人的生存权和发展权,而这项权利是纳税人的基础性人权,具有保障的优先性。所以,可以以法律形式要求地方政府将财政资金投入扶贫领域。在日本,其《宪法》第25条规定:"所有国民均享有维持健康且文化性的最低限度生活的权利。国家必须在一切生活方面,努力提高与增进社会福利、社会保障以及公共卫生。"我国《宪法》第33条也明确规定:"国家尊重和保障人权。"对于强制性支出,其涉及的是纳税人最为基本的权利,需要底线保障,最低支出标准应由中央政府统一规定,各省可以此基础上根据自身情况调整,但不得低于此标准。根据我国《社会救助暂行办法》第10条的规定,最低生活保障标准,完全由省、自治区、直辖市或者设区的市级人民政府确定,不符合上述要求,应当制定全国统一的最低标准,以保障纳税人最基本的需求。还可以考虑的是,建立强制性支出的清单,列明强制性支出的法律依据、执行主体等,并建立动态调整机制,根据需要适时调整。

为保障财政资金的合理合法使用,地方政府在财政资金的使用过程中还应遵循一定的程序性要求,如政府采购的信息应当在政府采购监督管理部门指定的媒体上及时向社会公开等。[1] 再者,为维持最低限度之全国一致性,以免地方政府各自为政,于预算编制、执行之专业、技术层面造成过多之分歧,遂行中央之事前规制,由中央财税部门发布诸如

---

[1] 参见《政府采购法》第11条。

各年度"共同性费用编列基准""预算编制作业手册"等，以为统一办理之准据。①

三 地方营运管理行为

"政府既受国民付托管理公财政，即应就现金之经理、财务之管理及公企业之营运尽善良管理人之义务，以维持公行政之顺畅，并有助于财政之健全。"② 地方政府只有享有一定的权限，才能担负起对本级国库资金和国有资产善良管理人的责任。为了使地方政府更好履行善良管理人的职责，在保障稳健性的前提下，可适度扩大地方政府对本级国库资金的管理权限。基于公共财政的要求，须增加对地方经营性国有资产公共性的限制，防止其与民争利。

根据《预算法》第59条、《国家金库条例》（国发〔1985〕96号）第4条③、《中国人民银行关于建立国家金库中央国库与地方金库的通知》（银发〔1993〕395号）④和《地方国库现金管理试点办法》（财库〔2014〕183号）第31条第1款⑤以及第32条第1款⑥等的规定，地方政府对地方国库享有库款支配、完善国库现金管理、合理调节国库资金余额、对商业银行参与地方国库现金管理活动进行监督管理、制定地方国库现金管理操作细则、对本级国库进行管理和监督等权限。但地方国

---

① 参见蔡茂寅《预算法之原理》，元照出版有限公司2008年版，第16页。
② 廖钦福：《现代财政国家与法Ⅰ——财政法学之构筑与法课题之展开》，元照出版有限公司2011年版，第150页。
③ 《国家金库条例》（国发〔1985〕96号）第4条规定："各级国库库款的支配权，按照国家财政体制的规定，分别属于同级财政机关。"
④ 《中国人民银行关于建立国家金库中央国库与地方金库的通知》（银发〔1993〕395号）规定："地方金库，实行中国人民银行和地方政府双重领导，以中国人民银行为主的管理体制。"
⑤ 《地方国库现金管理试点办法》（财库〔2014〕183号）第31条第1款规定："地方财政部门会同人民银行分支机构对商业银行参与地方国库现金管理活动进行监督管理。"
⑥ 《地方国库现金管理试点办法》（财库〔2014〕183号）第32条第1款规定："省级财政部门会同人民银行省级分支机构，根据本办法规定制定本地区国库现金管理操作细则，报同级政府批准，并报财政部、中国人民银行总行备案。"

库是双重领导,地方政府在行使国库管理权时,受到中国人民银行的制衡。"现代财政国库管理制度,是以国库单一账户为基础,资金拨付以国库集中收付为主要方式的财政资金管理制度,主要包括国库集中收付制度、政府采购制度、国债与国库现金管理三个部分组成。"[1] 其中,现金管理是国库的核心职能。[2] 地方政府对国库的现金管理有三种类型:分权型,中央政府和地方政府分别建立国库单一账户制度,独立地开展国库现金管理,如美国、加拿大;集权型,地方政府国库单一账户纳入到中央政府国库单一账户制度中,从而实现中央和地方国库现金管理一体化,如法国;混合型,上级政府单一账户制度不涉及下级政府,但上级政府通过制定规章制度、限制投资渠道或者直接将下级地方政府纳入上级地方政府现金管理体系等多种方式对下级政府国库现金管理进行管理和控制。[3] 根据我国《预算法》的相关规定,结合我国地方政府国库现金管理的实践,我国当前的做法属于混合型,地方政府对国库现金的管理受到中央政府制定的规则和投资渠道等的限制。未来,在能够保障稳健性的前提下,可适当减少对投资渠道等实体性限制,多运用程序约束。

对非经营性的国有资产(包括行政单位和事业单位国有资产),《行政单位国有资产管理暂行办法》(财政部令第35号)第8条和《事业单位国有资产管理暂行办法》(财政部令第35号)第6条,不仅规定了各级财政部门负责对其进行综合管理,并规定了详细的职责。《地方行政单位国有资产处置管理暂行办法》(财行〔2014〕228号)第4条第1款进一步规定:"地方财政部门是地方政府负责资产处置工作的职能部门,承担制度建设、处置审批及监督检查等管理工作。"从这些条款的内容来看,地方政府享有对本级行政单位和事业单位国有资产完整的管理权限,这种安排符合产权理论。权限具体包括:资产配置、资产使

---

[1] 财政部财政科学研究所:《地方财政国库管理研究》,中国财政经济出版社2015年版,第6页。
[2] 参见于长革《现代国库管理体制创新研究》,立信会计出版社2015年版,第31页。
[3] 参见傅强《地方国库现金管理的国际经验借鉴》,《南方金融》2014年第11期。

用、资产处置、资产评估、产权界定、产权纠纷调处、产权登记、资产清查、资产统计报告和监督检查等。[①] 而对于经营性国有资产，根据《企业国有资产法》第 4 条的规定，地方政府依照法律、行政法规的规定对除国务院确定的关系国民经济命脉和国家安全的大型国家出资企业，重要基础设施和重要自然资源等领域的国家出资企业领域外的其他国家出资企业，履行出资人职责。由此看出，对于本级的经营性国有资产，地方政府享有充分的自主权。但是，当前地方的经营性国有资产涉足了食品、加工制造等竞争性领域，呈现与民争利的态势，严重背离了公共财政的特性。所以，应当增加对地方经营性国有资产公共性的限制，使恪守其原本范围，更多投向公共领域。

---

① 参见《行政单位国有资产管理暂行办法》（财政部令第 35 号）第 5 条。

第四章

中央规制工具的法律配置

地方财政呈现出"问题复杂化、多元化"的景象，各种问题交织在一起，原因错综复杂。要想有效地解决这些问题，需对规制工具进行优化配置。首先，解决规制工具选择配置的基本问题，从理念到原则，总体上指导规制工具的选择配置。与此同时，对中央规制进行法治化改造，使工具的选择配置在法治道路上运行。并且为不同规制主体配备合适的规制工具，使其各司其职。其次，对规制工具进行筛选，在充分考虑功能优势和适用范围的情况下，尽量选择对地方财政干预较小的手段，并组合各规制工具，形成完整的中央规制体系。同时，还需要通过技术手段整合财政信息，对地方财政运营有一个整体了解，及时发现问题、有效解决问题。总体上，形成以引导激励与协商合作等非强制性手段为主体，辅之以强制手段，技术手段为支撑，财政法律责任为保障的完整中央规制体系。最后，将中央规制与地方自我规制相结合。

第一节 中央规制工具配置的基本问题

合理选择配置规制工具，是中央政府对地方财政行为进行有效规制的重要前提。规制工具的选择配置可从理念约束、原则规范、法治改造三个层面逐步展开，以保障纳税人权益和实现纳税人基本权利为根本理念，在全面、适时、适度原则的规范下建构具体制度，根据当前的具体情况对中央规制进行法治改造，使规制工具在法治轨道上运行。并且为不同规制主体配备合适的规制工具，使其能够各司其职，发挥最大的功效。

一 规制工具配置的理念

"理念即是内在精神,直至最高本体。"[①] 规制工具选择配置的理念,即是其应当遵循的内在精神。当前,公共财政是我国财政体制改革的目标,也是财政治理的必然选择。在公共财政体制下,中央规制地方财政行为的根本目的在于纳税人权益的保障和基本权利的实现。其规制工具选择配置的设计也要以此为理念,围绕着纳税人权益和基本权利相关问题展开,通过问题的解决践行理念。具体来讲,中央对地方财政所为的规制措施——无论是合法性规制还是专业性规制——一方面是预防财政违法状态的出现与排除违法性行为的存在,另一方面是基于国家本身专业资源的丰富,以协助地方在财政专业性事务与措施采取上的不足之处。[②] 前者意在保障纳税人权益不受侵害,后者是为了更好地实现纳税人的基本权利。除此之外,还必须明确的一点是,不论规制工具如何选择配置,中央规制地方财政不是在限制地方财政自主权,而是维持地方政府财政行为之合法性以及确保国家整体利益。[③]

二 规制工具配置的原则

原则约束着规制工具的选择配置。全面、适时、适度原则从三个不同维度影响着规制工具的选择配置。全面原则是从完整性角度出发,要求中央政府拥有命令—控制、激励、公众参与、自愿行动和信息等多种不同功能的工具,以应对复杂多样的地方财政问题;适时原则着眼于社会需求,强调规制工具的适时调整,随着纳税人权益保障和基本权利实现情况的变化而变化;适度原则落脚于中央规制的干预程度,主张尽量采用对地方财政自主权干预程度较小的规制工具。

地方财政行为复杂多样,涉及纳税人权益的方方面面,而且各方面之间也存在诸多关联。对此要进行有效规制,需要中央政府拥有多种不

[①] 江山:《中国法理念》,中国地质大学出版社1989年版,自序。
[②] 参见陈慈阳《人权保障与权力制衡》,翰芦图书出版有限公司2007年版,第301页。
[③] 参见法治斌、董保城《宪法新论》,元照出版有限公司2006年版,第456页。

同功能的规制机制，形成完整的规制体系。完整的规制体系应包括以下内容：中央政府能够通过一定的工具引导地方政府按照其意图为或者不为一定的财政行为；能够对地方财政权力的行使进行一定的制衡，通过财政规则规范地方的财政行为；能够清楚地知晓地方政府在财政领域进行的各项活动和运营情况；如果发现地方政府的财政违法或不当行为以及地区间严重的财政不均衡状况，中央政府能够及时有效地对其进行矫正或惩处；在纳税人权益受到地方政府侵害时，中央政府能够对其实施救济等。这些规制机制并非单独发挥作用，而是相互配合，形成统一的整体。

随着经济社会的发展，在各种因素作用下，地方财政行为呈现不同的样态。这种动态性，使得不同时期规制的重点各不相同，各种规制工具应对的情况和作用效果也不一样。所以，各种规制工具实时接受实践的检验，及时更新。再者，随着目标问题的解决，部分规制的目的已经实现或已经过时，一些规制工具丧失了其存在的必要性，成为"多余"的规制，必须及时予以废止。[①] 例如，安史之乱后，唐朝中央财政收入锐减、地方乱征严重，面对如此情况，唐朝后期以纠弹违法征税、贪污坐赃作为对地方监察的中心。唐宪宗为了保障两税法的正常实施，保护税收，加强了对地方监察的力度。[②] 宪宗元和元年即位后，"三度赦文每年旨条：两税留州留使钱外，加率一钱一物，州府长吏，并以枉法赃论"[③]。

发挥地方的积极性，不仅仅是一个口号，更是我国《宪法》的明确要求。而地方积极性的发挥有赖于地方拥有充足的行为空间。如若中央规制超出必要限度，不仅可能导致地方财政贫弱，地方缺乏自主治理的物质基础，还将压缩地方政府为财政行为的空间，妨害地方积极性的发挥。所以，中央政府对地方财政的干预要有限度，要考虑中央政府的规

---

① 参见张成福、毛飞《政府管制及良好政府管制的原则》，载唐晋《大国策：通向大国之路的中国政治 善治与体制》，人民日报出版社2009年版，第68页。

② 胡宝华：《唐代监察制度研究》，商务印书馆2005年版，第162页。

③ 《元稹集》卷37《弹奏山南西道两税外草状》。

制能力及纳税人权益保障和基本权利实现的需求等。① 为了实现适度干预，设计规制机制时，应当尽量减少"命令—控制"型手段的使用，增加"协商—合作"型手段，实现央地的合作治理。

三 规制工具配置的法治改造

"法治国的思想是具有相当的历史的。法治是人治的相对概念，就如同民主一样，可以溯源至古希腊时期。亚里士多德认为，借由法律主治的理念，建立秩序以终结无政府的混乱斗争状态，让人民得以合理期待与计划自己的生活秩序，并防止政府的权力滥用。经过长期的发展，法治的理念，逐渐累积为现代意义的法治国原则。这个思想从一开始发展到现在，都一直着眼于追求人类生活共同体中的法安定（Rechtssicherheit）与正义（Gerechtigkeit）。"② 对于中央规制领域而言，抛开所有的细节不论，法治的意思就是指中央政府在一切行动中都受到事前规定并宣布的规则的约束——这种规则使地方政府有可能十分肯定地预见到中央政府在某一种情况中会怎样使用它的强制权力——和根据对此的了解计划地方财政事务。③

法治财税正逐步成为我国国家治理的新模式。我国《宪法》明文规定实行依法治国，中央也多次发文推动财税法治建设，如党的十八届四中全会通过了《中共中央关于全面推进依法治国若干重大问题的决定》、《法治政府建设实施纲要（2015—2020年）》（中发〔2015〕36号）、《全面推进依法行政实施纲要》（国发〔2004〕10号）、《关于加强法治政府建设的意见》（国发〔2010〕33号）、《国家税务总局关于全面推进依法治税的指导意见》（税总发〔2015〕32号）、《"十三五"时期税务系统全面推进依法治税工作规划》（税总发〔2016〕169号）等等。中央规制地方财政是财政制度的核心环节，其法治化的程度关系法治财

---

① 参见李昌麒《经济法理念研究》，法律出版社2009年版，第190页。
② 许育典：《宪法》，元照出版有限公司2011年版，第52页。
③ 参见［英］弗里德里希·奥古斯特·冯·哈耶克《通向奴役之路》，王明毅、冯兴元等译，中国社会科学出版社2016年版，第94页。

税的成败。所以，提高中央规制的法治化程度是必然选择。"既要保持中央政府的权威性、集中性，也要赋予地方政府必要的自主性、灵活性，形成不同层级政府之间科学合理的分工合作关系，实现集权与分权的动态平衡。当前一些事权划分不清晰、不合理，给国家治理带来潜在风险。要通过法律化的路径，进一步完善中央与地方之间的权责划分、财政激励、转移支付、绩效考核、沟通协作等相关机制，能够以规范化、制度化的方式较好地解决中央与地方在利益分配、激励相容及信息不对称状况，使中央与地方能够相向而行，实现两者的良性互动。"①

中央规制是一种干预行为，是对地方财政治理的介入。这种介入只有于法有据，才具有正当性，才能保障介入范围和程度的合理性，维持适度干预。中央规制的过程实际上是中央政府在行使规制权进行规制，权力的行使理应受到法律约束。"法律的基本作用之一乃是约束和限制权力，而不论这种权力是私人权力还是政府权力。在法律统治的地方，权力的自由行使受到了规则的阻碍，这些规则迫使掌权者按一定的行为方式行事。"②《世界地方自治宣言》第 7 条明确规定："监督地方政府的程序只能由宪法或法律设定。监督地方政府的目的一般是为了使地方政府的各项活动服膺于法律。"再者，法治的基本属性是行为的制度化、规范化和程序化，这意味着任何个人、组织都必须在宪法和法律所限定的范围内活动。③ 对此，中央政府也不例外。所以，要对中央干预的范围、程度和手段等进行法律规制，以保障适度集权模式的运行。

中央的规制行为事先以法律明定之，一方面可以确定规制行为之内容，另一方面可以让地方政府预见与预测其自己之行为，以避免中央规制之滥用权力与突袭地方政府。一般、抽象之法律可以确保中央政府公平地对待所有地方政府，体现平等原则。④ 所以，中央规制应依法而行，

---

① 崔军、李帆：《"央地"财政关系演进轨迹与优化方向》，《国家治理》2018 年第 1 期。
② [美] E. 博登海默：《法理学——法哲学与法律方法》，邓正来译，中国政法大学出版社 1999 年版，第 358 页。
③ 参见程竹汝、上官酒瑞《制度成长与发展逻辑：改革开放时代的中国政治》，中国出版集团 2011 年版，第 46 页。
④ 参见陈淑芳《权力划分与权限归属》，元照出版有限公司 2011 年版，第 360 页。

地方政府才能预见中央政府如何行使其规制权，并合理规划其财政事务，为财政行为，适度集权模式才能得到维持。

当前，中央与地方财政权限的调整和收益划分，基本属于政策性调整。一个红头文件下来，就可以将某些权力和收益下放给地方；又发一个红头文件，就可以将地方的权力和收益收归中央。[①] 对于中央与地方的财政权限和收益划分问题，仅在《预算法》和国务院颁布的规范性文件中有所涉及，如《国务院关于实行分税制财政管理体制的决定》（国发〔1993〕第85号）、《国务院关于调整证券交易印花税中央与地方分享比例的通知》（国发〔1996〕49号）、《国务院关于印发〈所得税收入分享改革方案〉的通知》（国发〔2001〕37号）、《国务院关于印发〈全面推开营改增试点后调整中央与地方增值税收入划分过渡方案〉的通知》（国发〔2016〕26号）、《国务院关于实行中央对地方增值税定额返还的通知》（国发〔2016〕71号）、《国务院关于印发〈矿产资源权益金制度改革方案〉的通知》（国发〔2017〕29号）等，其法律位阶为规范性文件，却承担着财政基本法的功能，调整央地收支。这些简单的规定无法实现对财政权划分进行系统、全面的规范。中央与地方之间收入支出的划分以及财政利益分配的权利完全掌握在中央政府手中，而且分配标准不明确、程序不完备、价值不明朗，地方财政自主权受到很大的限制。一些基层地方政府因为财力有限，连最基本的公共服务都无法提供，地区间财力失衡的现象比较严重。在财政收支划分的基础上，还需要规范的转移支付制度。这是因为无论从理论上还是技术上，中央与地方之间财权的划分仍然会存在不足，无法完全达到恰当与合理的地步，难以实现效率与公平的兼顾的正义价值。[②] 但是，当前转移支付的运行也主要以规范性文件为主，如《财政部关于印发〈2016年中央对地方均衡性转移支付办法〉的通知》》（财预〔2016〕63号）、《财政部关于印发〈中央对地方专项转移支付管理办法〉的通知》》（财预〔2015〕230号）等。

[①] 参见薄贵利《集权分权与国家兴衰》，经济科学出版社2001年版，第221页。
[②] 参见刘剑文《收入分配改革与财税法制创新》，《中国法学》2011年第5期。

有鉴于此，应尽快出台《财政基本法》《财政收支划分法》和《转移支付法》，完备地方税法，促进央地财政权限和收益划分的规范化和制度化。财权以事权为基础，要想有效划分央地财政权限，首先要明确中央政府和地方政府各自的支出范围，实现财权与事权相统一。这一要求应当吸纳为《财政基本法》处理央地财政关系的核心原则。对此，党的十八大和十八届三中、四中、五中全会提出了建立事权和支出责任相适应的制度，《国务院关于推进中央与地方财政事权和支出责任划分改革的指导意见》（国发〔2016〕49号）要求逐步实现政府间财政事权和支出责任划分法治化、规范化。进一步来讲，要在《财政收支划分法》中具体规定中央和地方各自的支出范围、央地的收支权限、财政利益的分配标准，在各地方税法中更加明晰地方税权的具体内容。《转移支付法》中，明确转移支付的目的、应当遵循的原则、资金分配的依据、程序和法律监督等。总之，"建立事权与支出责任相匹配，支出责任与财权、财力相适应财税体制，实现中央与地方财政收支制度化须得将事权划分与财权、财力配置纳入制度化轨道，一旦事权划分清晰后，中央政府与地方政府均在各自事权范围内承担支出责任，同时辅以相应的财权配置和财力保障，非经法定程序不得擅自更改。在单行税法出台后，立法机关可以在相应条款中赋予地方政府调整某些涉税要素的权限，尊重地方财政自主，允许地方政府在税基选择、税率设定、征收管理等方面拥有一定程度的自主权限，消弭中央政策'一刀切'而忽视地方税税源差异性的不利影响"[①]。

作为我国古代中央规制地方政府最主要的手段，监察制度的有效运行有赖于监察法规的逐步完备。在明代，监察法规有《宪纲》《宪纲总例》《出巡事宜》《巡抚六察》《巡按七条》等，形成了较为完备的体系。到了明英宗正统四年（1439），历朝所积累的监察法规被编制成一部颇具规模的监察法规单行本《宪纲条例》。在清代，编纂了《钦定台规》。"台规由都察院汇辑有关监察制度方面的上谕及皇帝批准的奏议、

[①] 刘弘阳：《我国地方政府竞争运行机理及其规制途径研究》，《经济体制改革》2018年第1期。

条例等，分类编辑，分为训典、宪纲、六科、五城、各道、稽查、巡察和通例八类。每类又分若干目。各类、目内容按文件产生时间顺序排列，间有若干文献附于各类之后。它的完备程度标志着由秦汉开始确立并经此后各代完善、细密的中国封建监察法律规范化进程的最终完成，堪称中国封建历史上最完备的一部监察法典。"① 该部法典完整地展现了中央规制地方包括财政事项在内各事项的手段和方式。

而对于当前，行为规制机制要想更加有效地发挥作用，且在合理限度内干预地方财政，最为关键的是要对其法治化改造。其法治化，要分层进行，动静结合。第一步，要明确规制机制设计和规制手段具体运用的理念和原则，为具体规则的制定和适用提供方向性指引。第二步，对于每一具体的规制制度，要实现静态法和动态法的结合。明确主体、职能、权利义务，做到主体和职权有法可依，是静态的法，实现"职权法定"；明确程序、形式和方式，做到程序和形式有法可依，是动态的法；明确违反规制义务的法律责任，中央规制机构和人员依法规制，做到"权责统一"。②

四 规制工具和主体的匹配

不同中央规制主体之间权力的性质和享有的权限各不相同，其规制的范围和方式也千差万别，可分为执政党的规制、立法规制、行政规制和司法规制。执政党规制主要是方向引领和政策宣导。党中央通过作出决议、决定，发布公告和制定党内法规等，推动财政改革，引导地方财政投向，并以约束党政干部的形式来间接影响地方政府的财政行为。如，党的十八届三中全会通过的《中共中央关于全面深化改革若干重大问题的决定》中深化财税改革的内容和《中央政治局关于改进工作作风、密切联系群众的八项规定》禁止党员滥用、乱用和浪费财政资金的要求。立法规制主要是通过立法调整地方财政权限、约束财政行为以及

---

① 张晋藩主编：《中国古代监察制度史》，中国方正出版社2013年版，第255页。
② 参见盖威、郭圣莉《行政督查法治化的现实问题、理论依据及路径研究》，《中国行政管理》2015年第2期。

对地方财政立法进行监督。行政规制，是中央政府通过各种行政手段，包括权力性以及非权力性行政手段对地方财政行为之规制，由合法性监督和专业性监督组成，前者针对地方政府的财政违法行为，后者不仅针对违法行为，也包括不当行为。① 司法规制，主要是对侵害纳税人权益的地方财政违法行为进行裁判，并应纳税人的请求进行附带性审查。对于不同性质的权力，行使主体具有特定性，其他主体不能越界行使，应当各司其职。

执政党主要通过政治影响力和党的组织系统间接影响地方政府的财政行为。党中央通过的决议、决定和发布的公告以及制定的党内法规等，体现了党的意志，具有方向引领和政策宣导的意义。但其对地方财政治理不直接产生强制作用，需要转换为法律，才具有强制性。如党的十八届三中全会通过的《中共中央关于全面深化改革若干重大问题的决定》提出建立跨年度预算平衡机制和权责发生制的政府综合财务报告制度，在2014年修订的《预算法》中均有体现，这样其就具有法律效力。对于党员而言，其作为组织成员，必须遵守党的纲领、路线和规则等。鉴于国家机关中党员居于绝大多数的情况，党的文件在党政机关中有较强的实际拘束力。如《中央政治局关于改进工作作风、密切联系群众的八项规定》，已成为遏制财政资金滥用、乱用和浪费的一柄利剑，中纪委监察委网站还专门开通了"违反八项规定精神"曝光平台，以促进其落实。虽然《中央政治局关于改进工作作风、密切联系群众的八项规定》约束的是党员干部，但通过其执行减少了财政资金的滥用、乱用和浪费，地方政府可利用的财政资金增多，可以将更多财政资金投向民生领域。再者，党中央还通过与国务院联合发文的形式，实现对党政机关和领导干部的全覆盖，进一步增强执行力。例如，《中共中央、国务院关于印发〈党政机关厉行节约反对浪费条例〉的通知》（中发〔2013〕13号）不仅要求党政机关必须按规定将依法取得的罚没收入、行政事业性收费、政府性基金、国有资产收益和处置等非税收入及时足额上缴国库，还采用制定支出标准和支出程序严格控制财政支出。在这些党的

---

① 参见蔡秀卿《地方自治法》，三民书局股份有限公司2009年版，第259页。

文件中，党内法规，涉及党员的具体行为和纪律监督，与法律的协调最为重要。根据《中国共产党党内法规制定条例》第2条的规定，党内法规约束的范围是党组织的工作、活动和党员行为，党内法规的制定应当严格遵循这一要求。对于应由党内法规约束的内容，但会对地方财政间接产生重要影响的，做好与法律的衔接；应由法律规制的内容，应及时转换为法律。

立法规制是中央立法机关通过制定法律划分央地财政权限、约束和规范地方财政行为，并通过对地方财政立法的监督来规制地方财政。分为立法控制和监督地方财政立法两种。对于立法控制，由于当前我国财政领域立法相对匮乏，央地财政权限的调整、收支的划分、地方财政行为的规范，多采用规范性文件的形式。这样既缺乏稳定性，又不符合中立原则的要求，使得地方财政处于无"法"可依的状态。有鉴于此，全国人大及常委会应当着眼于权力回归和能力提升两个层面，加强财政领域的立法，形成《财政基本法》《预算法》《财政收支划分法》《转移支付法》、各地方税法、《非税收入法》和《政府采购法》等相互配合的完整财政法律体系。对地方财政立法的监督，主要对以下内容享有撤销权：省、自治区、直辖市国家权力机关制定的同宪法、法律和行政法规相抵触的关于财政的地方性法规、决议和决定以及作出的超越法定权限，限制或者剥夺纳税人合法权利，或者增加纳税人义务以及有其他不适当情形的决议和决定。为强化对地方财政立法的监督，必须提高中央立法机关审查的主动性。

就中央政府对地方财政的行政规制而言，监督的手段，依其干预性质的强弱，学说上一般区分为防御性的监督（Präventive Kontrolle）与抑制性的监督（Repressive Kontrolle）两种。预防性的监督运用于地方政府的财政行为作成之前，可以预防其行为抵触法令。抑制性的监督措施则通常会连接到地方政府已经发生的财政违法行为。[①] 前者主要包括，对

---

① Vgl. Meinhard Schröder, Grundfragen der Aufsicht in der öffentlichen Verwaltung, JuS 1986, 373. 转引自程明修《行政法之行为与法律关系理论》，新学林出版股份有限公司2005年版，第397—398页。

地方政府建议权（Beratung）的行使、监督机关对于地方政府要求提供资讯（包括阅览卷宗、提出书面或口头说明）（Informationsrecht od. Unterrichtungsrecht）、课予地方政府向监督机关报备或备案的义务（Anzeige od. Vorlagepflichten）以及监督机关保留对地方政府行为前的许可权力（Genehmigungsvorbehalte）。至于事后抑制性的监督手段则包括监督机关对地方政府违法措施加以驳斥的权利（Beanstandungsrecht）、监督机关对地方政府不当或违法措施的废弃权（Aufhebungsrecht）、监督机关对地方政府的命令权（Anordnungsrecht）、监督机关的采取代替地方政府履行的措施（Ersatzvornahme）、监督机关的指派专员，以地方政府名义代替地方政府执行全部或部分事务（Bestellung eines Beauftragten）、监督机关甚至可以解散地方民意代表机关（Auflösung der Vertretungskörperschaft）或终止地方首长的任期（Beendigung der Amtszeit des Bürgermeisters）。① 在中央行政规制体系中，国务院拥有建立在层级化基础上的权威，中央财税机关等是建立在专业化基础上的权威。国务院对地方财政事务的一体化控制，同中央财税机关等的专业化规制，并不冲突，② 但需要合理安排。除此之外，还需对同一层级不同机构和部门进行协调和资源整合。不同层级之间，国务院一般是方向性引领，其对于财政领域的发文多强调该项工作的重要性、提出总体要求或方向以及工作安排等，如《国务院关于深化预算管理制度改革的决定》（国发〔2014〕45号）、《国务院关于改革和完善中央对地方转移支付制度的意见》（国发〔2014〕71号）等。而中央财税机关则负责落实财政法律法规以及国务院关于财政工作的安排、针对地方政府财政活动的开展提出规范化要求。但不应当过度介入地方财政运行、进行个案处理。同一层级，中央财税机关还要与其他涉及财政事务的部门进行合理分工和协调，如国家发展和改革委员会、国务院国有资产监督管理委员会等。

---

① 参见程明修《行政法之行为与法律关系理论》，新学林出版股份有限公司2005年版，第398—399页。

② 参见宋华琳《国务院在行政规制中的作用——以药品安全领域为例》，《华东政法大学学报》2014年第1期。

《关于实行"分税制"财政体制试点办法的通知》(〔1992〕财地字第63号)强调,实行"分税制"财政体制后,中央各部门不要干涉有关地方财政的收支事项,未经国务院批准或财政部同意,不准擅自开减收增支的口子。该规定主要是为了防止过多部门干预地方财政运行,政出多门,浪费规制资源,给地方政府带来沉重负担。

司法机关是通过司法权约束地方政府的财政行为。"当中央政府通过项目制推行的政策目标和地方财政目标冲突时,地方政府往往利用其执行政策的有利条件偏离中央预定的财政政策目标。地方政府的类似实践还包括对各项政策(包括财政政策)执行过程中对正式制度进行变通执行以及利用中央政府的部门利益来实施政府间共谋等。对地方政府的这些行为,已有的制度往往力有不逮。表面上,中央政府拥有决定地方人事任免和撤销地方法规、政策的权力,但实际上政制上的这些安排对消除地方保护主义现象效果并不显著。考虑到项目制的实践,依靠全国人民代表大会常务委员会来处理频繁出现的具体冲突远非解决冲突的最佳方式。与依靠最高权力机关出面处理具体、多变的问题相比,司法调节中央和地方冲突可以形成政府间权力范围的共时多样性和历时变化性更具优势。"[①]

一条路径是,纳税人对地方政府的财政违法行为提起诉讼,由司法机关受理并对其进行裁判,对纳税人进行救济。如果纳税人的权益受到地方政府的侵害,还可以要求国家赔偿等。对此,当前,要做的是减少对纳税人诉权的限制,进一步畅通纳税人诉讼渠道。另一条路径是,纳税人在提起诉讼时,可以提请司法机关对地方政府的规范性文件进行附带性审查,由司法机关进行处理并可以向制定机关提出建议。对于附带性审查,可以考虑的是扩大附带性审查的范围和司法机关的处理权限。更为长远的是建立纳税人诉讼制度,通过公益诉讼的形式约束地方政府的财政行为。

[①] 郭锐:《央地财政分权的"选择构筑视角"兼论中央财政权力的宪法约束》,《中外法学》2018年第2期。

第二节　同等对待各类工具

当前，在各类规制工具的选择配置方面，最大问题在于过于依赖命令—控制型工具，激励、公众参与、自愿行动和信息等使用较少。因此，应当极力扭转命令—控制型工具"一家独大"的局面，同等对待各类工具，增加激励型、公众参与型、自愿行动型和信息型等使用频次，不断发展这些规制工具类型，充分发挥其性能，形成体系完整、结构合理的中央规制体系。即形成以引导激励与协商合作等非强制性手段为主体，辅之以强制手段，技术手段为支撑，财政法律责任为保障的完整中央规制体系，走向央地合作。这是因为，每一类规制工具都有其功能优势和适用范围。在进行选择时，要着眼于其功能优势，立足于工具可能的适用范围。在方法上，应对工具的采用进行经济分析，以评估不同工具的绩效。从程序上看，尽可能让所有的利益主体以不同方式参与规制决策，这虽然不能保证找到完全匹配的工具，却能避免不匹配工具的采用。除此之外，考虑到当下情形，正确工具的选择至少还需要考虑以下几点：第一，要排除对特定工具的偏好或偏见。第二，工具的选择必须考虑制度实施。从制度实施的角度看，在工具选择和运用时，需要考虑中央政府的规制能力、对纳税人权益的保障程度、制度实施的技术支持等多种因素。第三，工具的选择要考虑规制环节，应该找寻最优规制环节下的最适合手段。① 一种规制工具只有在以工具特征为一方，以财政治理环境、目标和目标受众为另一方之间相匹配的时候，才是有效的。②

在中央规制地方财政的过程中，地方政府不应被完全定位为问题的制造者，其还是重要的问题解决者。中央政府可与地方政府形成伙伴关系，合作治理，共同致力于财政问题的解决。实践中，央地财政

---

① 参见应飞虎《规制工具的选择与运用》，《法学论坛》2011年第2期。
② 参见［美］B.盖伊·彼得斯、弗兰斯·K.M.冯尼斯潘编《公共政策工具——对公共管理工具的评价》，顾建光译，中国人民大学出版社2007年版，第49页。

合作已逐步展开，如收入分享、高校央地共建、基础设施共建等。财政合作是中央政府和地方政府通过协商达成的合意。在协商过程中，地方政府被视为平等主体，有利于塑造地方政府相对独立的财政主体地位。合作是中央政府和地方政府共同协商的结果，融入了地方政府的意志，地方政府的遵从度较高，有利于实现规制目的、达到规制效果。有鉴于此，中央规制应当尽量减少"命令—控制"型手段的使用，多采用"协商—合作"型手段，实现中央政府、地方政府和纳税人的良性互动。这样既能够实现中央规制的目的，又不至于对地方财政过度干预。但是，单一制国家中央政府和地方政府具有隶属关系、中央政府处于优势地位，是客观事实，不可能完全改变。所以，如何保障财政合作过程中平等协商，是问题的关键。引入纳税人参与，不失为一种可行的方法。纳税人作为监督者参与到中央政府和地方政府的协商过程中，将载有双方权利和义务的合作协议公开，接受纳税人的评判等。当然，央地财政合作还需要满足一定的条件，中央政府和地方政府均对合作标的享有处分权，双方达成合意，内容、形式和程序合法，具有明确正当的目的。

除了通过具体的财政合作实现中央规制意图、融合地方意志外，更重要的是在整个国家的财政治理中树立央地合作意识。财税制度的建构中充分听取地方政府的意见，尊重地方政府的利益；财税制度运行中充分发挥地方政府的作用，与中央政府共同完成财政治理的任务。中央政府的财政立法和政策制定，尤其是涉及地方政府财政收入减少或支出增加的，应当畅通地方政府充分表达意见的渠道，从源头上形成"共同立法和共同决策"的格局。财政治理过程中发挥地方政府的重要作用，促进央地合作治理的有效开展。如 2016 年出台的《环境保护税法》，采取开门立法的方式，征求各地意见；赋予地方税基调整权，使地方政府可与中央政府共同调控税基，推动环境保护的有效进行。随着央地共同事务的增多，央地间的财政合作也会随之增加。中央规制终将由"命令—控制"型向"协商—合作"型转变，呈现一个全新的适度集权模式。

第三节 规制工具的组合配置

地方财政是一个庞大复杂的系统，而且这个系统是动态发展的。如若要对其进行有效规制，单一类型的工具是不可能完成的，需要各类工具之间的有效衔接。规制效果的达成是各类工具合力的作用。即使其中一种或几种工具运行良好，如果缺乏与其他工具的有效配合，也不可能达成良好的规制效果。同类工具之间则需要选择最合适的工具，并且在内部与其他工具搭配使用，使得这类工具更好地发挥效果。最后整合信息型工具，为其他工具发挥作用提供强有力的技术支撑。

一 不同类工具的组合运用

各类具有联动性，缺乏其他工具的配合，将呈现"独木难支"的场景。为达成良好的规制效果，需要各类有效衔接，相互配合。并且要实现规制工具的联动，同升同降，保持方向的一致性，以免发挥相互之间产生效果的抵消。其中十分重要的内容是形成一个完整的规制运行链条，不同类工具之间前后衔接，有效配合。这需要对中央规制体系进行整体设计，全面推进。首先，由中央政府制定各种规则，形成规制地方财政行为的规范体系，成为地方财政运行的行为准则。其次，地方政府执行这些规范的情况如何，有没有财政违法或不当行为，需要中央政府借助命令—控制型工具中的巡视、执法检查、行政督查、财政检查、审计等、公众参与型工具中的财政违法举报制度和信息型工具等多种工具的有效配置，才能全面了解情况。再次，中央政府了解情况以后，对没有落实的督促其落实，对与中央规范体系相抵触的地方财政行为和不均衡状况予以矫正。最后，如果地方财政行为侵犯了纳税人权益则给予纳税人救济，公众参与型中的行政复议和行政诉讼将发挥重要作用，有财政违法犯罪行为则予以惩处，则需要在命令—控制型工具中建立有效的课责体系。各类工具有效配合，并相互依赖。命令—控制型工具要发挥作用，必须依赖于公众参与型工具中的财政违法举报制度和信息型工具等了解情况，发现情况后需要矫正机制予以矫正，对侵犯纳税人权益的则予以救济，对财政违法犯罪行为进行惩处。除此之外，激励型工具和自愿行动型工具提供方向指引，是命令—控制型工具确定约束内容的重要依据，是公众参与型工具中的财政违法举报制度和信息型工具运行的指针。引导事项的落实情况如何，需要通过控制型工具中的巡视、执法检查、行政督查、财政检查、审计等、公众参与型工具中的财政违法举报制度和信息型工具等多种工具对其做一个真实的了解，以便调整引导内容和手段，更好地发挥引导机制的作用。当前，专项转移支付存在诸多问题，就是借助控制型工具中的巡视、执法检查、行政督查、财政检查、审计等、公众参与型工具中的财政违法举报制度和信息型工具等多种工具知晓的，中央政府进而做出整合的决定。这里描绘的是一个完整的规制运行体系，并不是所有地方财政行为都需要中央政府制定行为准则，也并不是所有的地方财政行为都会走到纳税人救济这一步。

再者，如果可以通过其中一类工具发挥良好作用，则增加该类工具的使用频次，以便更好地服务于中央规制的开展。各类工具对地方财政自主权的干预程度和影响是不同的。相对激励型工具、公众参与型工具、自愿行动型工具和信息型工具而言，命令—控制型工具对地方财政自主权的干预程度和影响较大。在同样能达到规制效果的情况下，应当优先选择激励型工具、公众参与型工具、自愿行动型工具和信息型工具。不同工具之间的功能也并不是截然分开的，一些工具可以在一定程度上替代其他机制的部分功能。例如，巡视、执法检查、行政督查、财政检查、审计在发现问题的同时，也具有一定的威慑力，起到督促的效果。如果在该类工具作用下，就能够达成相应的目标，则没有再适用其他工具的必要，以免造成规制资源的浪费。

二 同类工具的搭配使用

中央规制权分属于不同的部门，具有高度的分散性，虽能进行专业化监督，但重复监督、交叉监督等不可避免。这样既浪费监督资源，也给地方正常的财政运营管理带来沉重的负担。更为严重的是，或从收入，或从支出，或从运营管理方面进行规制，不能够对地方财政的整体状况详尽的了解，并进行综合规制。加之，不同制度之间不能有效衔接，导致规制效果不尽如人意，问题很难获得满意的解决。所以，有必要对规制工具优化组合，合理配置权力，减少重复规制。

各类工具，其内部优化组合的方式不同。激励型工具，主要是合理设计专项转移支付的指标和标准，对符合条件的项目给予支持，并以此带动该领域的发展，这本身就会对地方政府产生激励效应。除此之外，对包括专项转移支付项目在内的地方财政治理状况进行评估，对治理良好的给予奖励，进一步强化了激励的效果；公众参与型工具，在于畅通各类渠道，并将其有机结合，全面保障纳税人的权利，财政违法举报制度注重于保障纳税人检举权，行政复议和诉讼以及纳税人诉讼则围绕着如何对纳税人救济共同发力；自愿行动型工具采取的方式是层层分解，逐步推进，促进地方政府自愿参与到良性的财政治理中来。国家战略和法律层面的倡导性规范被分解为相对具体的内容，在一定时期由党中央作出决议、决定或发布公告等形式以及中央政府制定规划解决，对于更为具体的事项则通过央地财政协议的方式；命令—控制型工具多是中央政府强力参与地方财政治理的措施，各手段的适用以法律规定为限，不宜过度整合，应减少使用。当前，对于其中要对一些制度进行协调，如撤销、改变制度和附带性审查之间，适时扩大附带性审查的范围和司法机关的处理权限，实现对地方政府抽象性财政行为监督的全覆盖。并且，逐步完备课责体系，增加体现财政利益的手段。

另外，对于命令—控制型工具，巡视、执法检查、行政督查、财政检查、审计优化组合，是最为复杂和必要的。当前，巡视、执法检查、行政督查、财政检查、审计等在各自职权范围内对地方政府进行检查，诸多部门并行监管。一项财政事务被分割为多个项目，由多个部门分别规制，地方政府的财政问题和地方官员的财政违法犯罪行为被过度分离。而实践中，地方财政问题的产生多与官员的财政违法犯罪行为纠葛在一起，两者无法截然分开。以上问题的存在，不仅造成规制效果不佳，而且浪费了规制资源，增加了地方政府的负担。另外，其他规制工具的运用很大程度上依赖于对地方财政信息的获取，这些规制工具的优化组合更具必要性。这些规制工具是将财政信息系统的完善与财政公开等制度的建设同步推进，具体手段相互配合，巡视、执法检查、行政督查、财政检查、审计之间建立协调机制，实现信息共享，并逐步推进职能整合。第一个阶段，在职能还不能完全整合的情况下，建立协调机制，实现信息共享。财政部门和审计部门对地方财政进行检查时进行协调。加强事前协调，互相通报年度检查计划；加强事中沟通，防止重复检查；加强检查的事后协调，建立结果相互使用制度，实现信息共享。①这种方式同样适用于巡视、执法检查、行政督查、财政检查、审计之间的信息互连互通和共享。第二个阶段，进行职能的整合。《第十二届全国人民代表大会第一次会议关于国务院机构改革和职能转变方案的决定》针对部门职责交叉和分散，提出了最大限度地整合分散在国务院不同部门相同或相似的职责，理顺部门职责关系；针对信息不透明和高度分散，提出了整合工程建设项目招标投标、土地使用权和矿业权出让、国有产权交易、政府采购等平台，建立统一规范的公共资源交易平台。这样有利于职能和信息的整合，是未来发展方向。

当前，职能整合重要的任务在于将行政监察与反贪、预防腐败和审计进行整合，由成立的国家监察委员会行使这些权限，并将巡视作为国家监察的重要方式。意在解决多头监察、资源分散、力量薄弱的缺陷，将现有的党内巡查、行政监察、立法监督、司法监督、审计监督整合为统一的国家监督。②这样一来，国家监察委员会就可以采用反贪的侦查手段、强制手段、审计的查账手段等查处公务人员的财政违法犯罪行为。③并借助巡视制度形成对地方公务人员财政违法犯罪行为的全方位监督。《全国人民代表大会常务委员会关于在北京市、山西省、浙江省开展国家监察体制改革试点工作的决定》规定："在北京市、山西省、浙江省及所辖县、市、市辖区设立监察委员会，行使监察职权。将试点地区人民政府的监察厅（局）、预防腐败局及人民检察院查处贪污贿赂、

---

① 参见吉林专员办、吉林大学管理学院课题组《论我国财政监督与审计监督的职责分工及关系协调》，载贺邦靖《财政监督文集》，中国财政经济出版社 2007 年版，第 77 页。

② 参见秦前红《困境、改革与出路：从"三驾马车"到国家监察——我国监察体系的宪制思考》，《中国法律评论》2017 年第 1 期。

③ 参见李永忠《三省试水为深化反腐探索路径》，《检察日报》2016 年 11 月 29 日第 008 版。

失职渎职以及预防职务犯罪等部门的相关职能整合至监察委员会。"根据《监察法》第 3 条的规定，监察委员会调查职务违法和职务犯罪，开展廉政建设和反腐败工作，维护宪法和法律的尊严。第 11 条更进一步明确了监察委员会的职责，依照本法和有关法律规定履行监督、调查、处置职责：（1）对公职人员开展廉政教育，对其依法履职、秉公用权、廉洁从政从业以及道德操守情况进行监督检查；（2）对涉嫌贪污贿赂、滥用职权、玩忽职守、权力寻租、利益输送、徇私舞弊以及浪费国家资财等职务违法和职务犯罪进行调查；（3）对违法的公职人员依法作出政务处分决定；对履行职责不力、失职失责的领导人员进行问责；对涉嫌职务犯罪的，将调查结果移送人民检察院依法审查、提起公诉；向监察对象所在单位提出监察建议。

从监察委员会现有的职责来看，其并没有将审计职能囊括进去。对于审计来说，在我国其属于行政监督的一环，独立性不强，职权的行使受到各方因素的钳制，无法实现我国《宪法》第 91 条第 2 款关于审计机关独立行使审计监督权的设想。审计是一种技术，其权威和独立性主要来源于其隶属于哪一机关。"北京政府时期，中央审计机构从审计处到审计院的转变说明：审计机构的地位被提高，独立性得到加强。审计处隶属于国务总理领导，而审计院直接属于大总统；审计院院长由总统特任到参议院选举，并代表国会对政府财政实行监督。这就制度安排上来说，经济监督的权威性有所增强，国会能更有效地通过审计院实施对政府的财政监督。从某种意义上来说，当时的审计体制属于层次最高的立法型系统，其独立性、权威性较强。"[①] 从《监察法》的规定来看，监察委员会由人民代表大会产生，作为行使国家监察职能的专责机关，依照法律规定独立行使监察权，不受行政机关、社会团体和个人的干涉。这种做法大大提高监察委员会的独立性和权威性。此种状况下将审计划归监察委员会，不仅可以增强审计的权威性和独立性，还可以弥补监察手段的不足，增强国家监察的实效性。另外，巡视是一种技术手

[①] 马金华：《民国财政研究：中国财政现代化的雏形》，经济科学出版社 2009 年版，第 230 页。

段，是发现地方官员财政违法犯罪行为十分有效的方式，历史上的实践和党内监督的运用为其运行积累了丰富经验，可将其作为中央监察委会监督的方式。

我国历史上多采用大"监察部"的做法。自秦朝以来，各封建王朝大都采用监察制度约束地方政府包括财政行为在内的各种行为，取得了较好的效果。这得益于监察机构和人员的独立性、职权范围的广泛性和监察手段的多样性。当前的监察制度改革不能完全依照封建王朝的做法进行，但独立性、职权广泛性和手段多样性应是其改革的方向。在明代，巡按代天子巡狩，所按藩服大臣、府州县官诸考察，举劾尤专，大事奏裁，小事立断。按临所至，必先审录囚，吊刷案卷，有故出入者理辩之。诸祭祀坛场，省其墙宇祭器。存恤孤老，巡视仓库，查算钱粮，勉励学校，表扬善类，剪除豪蠹，以正风俗，振纲纪。① 虽然明代的这种巡按御史制度权力过度集中，对于地方政府的干预程度过大，但其能够对包括财政情况在内的地方整体情况有一个全面的了解，而且不至于出现对地方同一事项重复和过度检查的情况。清代都察院兼有监察和审计的职能，其中对于财政与赋役的监察审计，主要由户科负责。② 1929年10月国民政府公布《审计部组织法》，根据其规定改审计院为审计部，隶属于监察院，行使审计权。1955年国务院常务会议批准的《监察部组织简则》规定，监察部具有检查地方各级国家行政机关是否正确执行国务院的决议、命令；执行国民经济计划和国家预算中存在的重大问题，国家资财的收支、使用、保管、核算情况进行监督；受理公民对违反纪律的国家行政机关其工作人员的控告和国家行政机关工作人员不服纪律处分的申诉等职责。

三　信息型工具的整合

信息型工具主要是整合信息资源，形成统一的平台，能够完整了解

---

① 参见《明史》卷73《职官志二》。
② 参见焦利《吏治何以清明——清代监察法镜鉴》，中国民主法制出版社2007年版，第25页。

地方政府的财政治理状况。"如果一个国家想以最有效率的方式进行现代化，它就需要建立一种政体，这一政体能够在强制和信息之间形成一种合理关系，以最低的成本实现现代化目标。"①而对当前社会，强制适用的范围正逐渐缩小，信息的重要性更加凸显。这一情形同样适用中央规制领域。中央政府大力推进财政信息化和财政公开制度建设，不仅是提高中央政府规制能力的重要途径，也是基于地方财政治理本身的需要，并以此为突破口，打造阳光政府。

为解决这些问题，需借助技术手段整合地方财政信息，形成规范的地方财政权力运行平台。《国务院办公厅关于印发基本公共服务领域中央与地方共同财政事权和支出责任划分改革方案的通知》（国办发〔2018〕6号）已经明确要求："财政及相关部门要建立规范的数据采集制度，统一数据标准，加快基本公共服务大数据平台建设，收集汇总各项基本公共服务相关数据，实现信息共享，为测算分配转移支付资金、落实各方责任、实现基本公共服务便利可及提供技术支撑。"当然，这种整合不可能一蹴而就，需要分步进行。第一步，地方的各种财政信息纳入不同信息系统，不同信息系统的财政信息在不同中央规制机关之间互连互通，信息共享，如财政部和国家税务总局之间对地方财政收支信息的共享。第二步，建立统一的地方财政信息平台，融合地方财政收支的各种信息。在信息化的大背景下，可以充分利用信息技术实现对地方财政权力的制约。首先，认真梳理、优化规范、合理调整地方财政权力，建立财政权力库。中央正在推行的权力清单制度，就具有此项功能。《中共中央办公厅、国务院办公厅印发〈关于推行地方各级政府工作部门权力清单制度的指导意见〉的通知》（中办发〔2015〕21号）明确要求："地方各级政府工作部门行使的各项行政职权及其依据、行使主体、运行流程、对应的责任等，以清单形式明确列示出来，向社会公布，接受社会监督。"其次，以信息技术为支撑，对与财政权力运行相关的信息统一管理，进行全程电子化运行，建立财政权力运行平台。

---

① ［美］戴维·E.阿普特：《现代化的政治》，陈尧译，上海人民出版社2016年版，第291页。

再次，加强网上的行政监督，实现信息采集、流程监控、自动预警、绩效评估、异常处理以及实时报送等功能，建立电子监督平台。另外，建立立法监督平台对地方财政权力进行调整并对其财政立法行为进行规制（见图4-1）。最后，司法机关在处理财税案件进行裁判或对相关规范进行附带审查时，其可以通过这个平台获取相关财政信息。对于这个平台最为关键的是建立财政数据中心，将财政系统内部各部门、各信息系统以及与财政相关的其他预算单位的各信息系统之间的相关数据集中到一个数据仓储平台体系，通过系统工具将各类数据统一管理，形成一个综合、全面的数据管理中心，[①] 依托财政数据中心实现全过程监督。

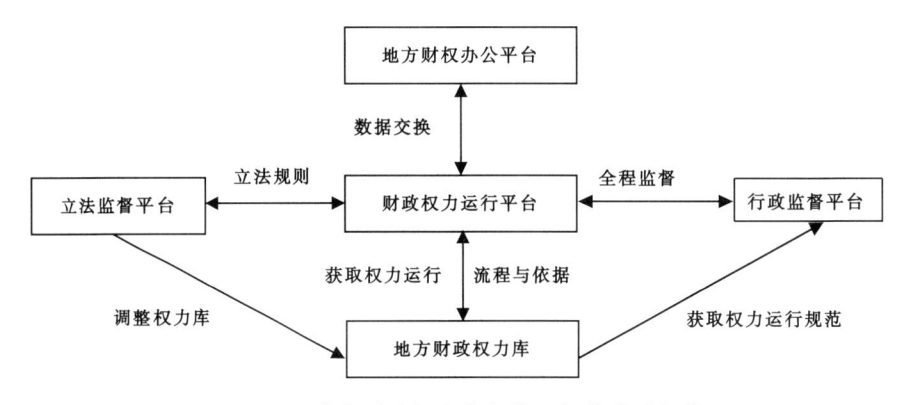

图4-1 地方财政权力信息化运行的基础架构

资料来源：忻超、胡广伟、胥家鸣：《阳光权力：江苏行政权力网上公开透明运行实践模式研究》，科技出版社2016年版，第68页。

第四节 中央规制与地方自我规制的配合

在国家财政治理中，中央政府之所以能够规制地方财政，在于其与地方政府相比，财权财力上具有相对优势，央地财政处于非均衡状态，这也是中央规制的根本前提。但地方政府并非中央政府的附庸，是财政

[①] 参见杨朝霞、逯峰、凌捷《地方财政电子化监督研究》，经济科学出版社2011年版，第41页。

治理的重要主体，需要相当的财权财力开展活动，以满足辖区内纳税人的需求，这就要求财权财力不能过度集中于中央政府。再者，中央在为规制行为时——当然不论事前或事后——均须符合民主原则、法治国原则与垂直式权力分合原则所衍生较具体之对中央为规制时应遵守的基本准则。首先，为比例相当性原则，亦即在规制时，必须以妥当、必要与手段目的横平的措施为之。其次，中央规制地方财政措施之采取亦仅能在合法性不能确保与有违公益之情形为之。[①] 其强调对地方财政进行适度干预，而非全面管控。具体表现为：通过谦抑性保持中央干预的限度，以地方政府的财政违法行为和央地财政权限不当作为中央介入的核心场域，界定中央规制的范围；将中央干预定位为补充性规制，防止中央政府越俎代庖，尊重地方政府在财政治理中的地位；以比例原则作为关键标尺，保障中央规制以合理的限度展开。

一　中央规制的根本前提：非均衡状态

央地财政的非均衡性并不是采取极端集权方式高度集中财权财力以及对地方财政进行全面管控，而是在集权和分权之间选择黄金分割点，中央政府适度集中部分财权财力。地方政府只需要履行自身职责并对中央过度集权进行消极防御即可，中央政府除履行自身职责外，还要防止地方财政权力的滥用和异化，纠正各地不均衡状况，促进基本公共服务均等化等。国家统一和市场统一不是地方政府能够完成的，地方政府甚至在其中扮演着破坏者的角色。而国家统一和市场统一是纳税人有效开展政治、经济等活动的前提。这种功能的差异决定了中央和地方财权财力的分配，中央政府除需保有维持自身正常运转的财权财力外，还享有对地方财政监控、督促、纠正等权力，以及引导、救助或矫正不均衡状况等的剩余财政资金。所以，相对地方政府而言，中央政府需要适度集中部分财权财力。如果中央政府缺乏调整地方财政权力和约束地方财政行为的权力和能力，不仅中央财政收入的汲取堪忧，而且对地方财政违法行为无能为力，纳税人求助无门，其权威性将大大减损；如果中央政

[①] 参见陈慈阳《人权保障与权力制衡》，翰芦图书出版有限公司2007年版，第301页。

府的财力仅能够维持其基本运转，没有多余的财力引导地方财政行为、矫正不均衡状况等，意味其引导支出导向和矫正不均衡功能的丧失。这种状态如果持续存在，国将不国。应然的状态是：在央地财政非均衡的结构下，中央规制有序地开展，中央政府保有一定的财权和足够的财力对地方财政施加影响；当地方尾大不掉，严重侵蚀中央财政利益时，中央政府可以通过调整权限或行为规制等方式改变现有的状况，以恢复到可控状态；地方政府滥用、乱用财政权力侵害纳税人权益或不作为时，中央政府有足够的手段纠偏；对各地不均衡的状况，中央政府有能力和手段予以改观等。

具体来讲，实现央地财政的非均衡性，需满足以下条件：第一，中央政府具有相当权威。贝特朗·德·儒旺纳尔认为，权力或权威有三个特性：广延性、综合性和强度。广延性是指遵从掌权者命令的 B（权力对象）数量很多；综合性是指 A（掌权者）能够调动 B 所采取的各种行动种类很多；强度是指 A 的命令能够推行很远而不影响遵从。[①] 中央政府要获得权威，必须有足够多的手段调动地方政府进行良善财政治理，中央政府的财政法律、政策和指令等得到地方政府有效的遵从。第二，中央政府能够对地方政府的财政权力进行调整，使其适用经济社会的发展。在地方财政权力过大影响国家统一和市场统一，且中央政府在该时期没有其他手段可以改变此种状况时，中央政府有权将该项财政权力收归中央。在地方缺乏活力时，中央政府通过调整地方财政权限，调动地方政府的积极性，有效促进经济社会的发展。第三，中央政府的财力，除维持自身运转外，还有剩余的财力使得地方政府产生一定程度的依赖、引导地方支出方向、矫正各地不均衡状态以及特定情况下对地方进行救助等。"中央如果不掌握一定数额的资金，好多应该办的地方无力办的大事情，就办不了，一些关键的只能由中央投资的项目会受到影响。现在一提就是中央集权过多下放过少，没有考虑该集中的必须集中

---

① 参见 ［美］丹尼斯·朗《权力论》，陆震纶、郑明哲译，中国社会科学出版社 2001 年版，第 15 页。

的问题,中央必须保证某些集中。"① "一个只得到一半供给的、经常贫穷的政府,怎能实现其制度的目的,怎能提供安全保障,增进繁荣或维持国家的名声?这样的政府怎么能够拥有能力或保持稳定,享有尊严或信用,得到国内信任或国外的尊敬呢?它的管理除了连续不断地采用姑息的、无能的而且可耻的权宜办法以外,还能有别的办法吗?"② 长此以往,国家极有可能分崩离析。第四,中央政府拥有丰富的规制机制和手段,以应对地方财政的各种问题,并且可以及时革新各规制机制和手段以应对新情况的出现。中央政府可以通过各种机制引导、约束和规范地方财政行为;在地方政府出现财政不作为或乱作为时,中央政府有机制和手段对其纠正。总之,财权上、财力和手段上,中央政府都要比地方政府具有相对优势,即不论采取何种方式,中央政府总可以对地方财政施加一定影响。央地财政关系是一个动态变化的过程,可能会出现短暂的"强地方、弱中央"状态。但一个运行良好的国家,必须有一个具有相对优势和权威的中央政府,这是一个国家稳定和持续发展的重要前提。"从历史上看,中央政府能否建立和维系稳定的财税体系,往往是中国能否维系统一的关键性要素。明朝的张居正改革和清朝的雍正新政就是其中的正面典型,而王朝的崩溃链条也往往从财税体系崩溃开启。清王朝崩溃之后,国民政府孱弱的一个重要原因,就是无法建立起有效的财政集权体系,这也导致了军阀混战,导致无法有效抵御外敌入侵。而新中国得以成立并站稳脚跟的一个关键原因,则是在于建立起了一个稳定、集中的财政体系。"③

(一) 央地财政非均衡性的历史考证

"财者为国之命而万事之本。国之所以存亡,事之所以成败,常必由之。"④ 所以,历朝历代都特别重视财政问题的解决,努力形成对地方

---

① 《邓小平文选》(第二卷),人民出版社1994年版,第201页。
② [美] 亚历山大·汉密尔顿、约翰·杰伊、詹姆斯·麦迪逊:《联邦党人文集》,程逢如、在汉、舒逊译,商务印书馆1980年版,第148页。
③ 吴园林:《财政改革的双向运动:中国财政分权二十年》,《文化纵横》2018年第5期。
④ 《栾城集》卷21《上皇帝书》。

财政的有效规制。各封建王朝中央对地方财政的规制呈现如下图景：以维护王朝统治和皇权为目的，皇权是地方一切财政权力的来源，"天下之事无大小皆取决于上"①；家国式财政，君主以家国一体（家天下）方式，宣布该家庭对天下所有土地的所有权或支配权，以帝国所有土地的田赋或其他资源的收益为收入形式，外朝财政主要用于帝国国家维持，内廷财政用于皇室家族，由充当大家长角色的君主支配，但外朝有一定的公共性。②并且中央政府掌握盐、铁等战略资源，实行国有专营制度。"天下一家，何非君土，中外之财，皆陛下之府库。"③以土地和人口作为征收赋税的主要对象。中央政府以诏令等形式统一赋税制度，以户部（或其他称谓的中央财政机关）为中枢机关营运整个王朝财政，户部"掌天下户口井田之政令，凡徭役职贡之方、经费周给之算，藏货赢储之准，悉以咨之"④，"一省所入之款，报明听候部拨，疆吏不得专擅"⑤。地方财政仅仅是中央财政的延伸，不具有独立价值。中央政府通过上计、监察和奏销等制度知晓地方财政情况并使地方财政行为服膺于诏令和律法，借助律法和道德约束地方官员的财政行为，以考成和交代制度评定和审查地方官员，督查地方官员保境安民，使财政具有一定的公共性，以持久地维护其政权的合法性。其中，资源分配和人事控制是中央政府管控地方财政最核心的两项权力。当然，王朝在初创、兴盛、衰退的不同时期，中央规制的具体样态也不一样。历史演进中，中央政府和地方政府间财权重心的争夺更加凸显了央地财政非均衡性对王朝统治的重要意义。

"面对经济凋敝、民穷国破的困局，王朝政权总是先实行开明政策，开放搞活，予民休养生息。一俟经济活跃，社会显露富象，原有的秩序和平衡被打破，就转而强化专制，实施严厉统治。从秦汉到唐宋元明清，历朝历代大抵都是在这种'放—收'交替、'乱—治'往复中度过

---

① 《史记·秦始皇本纪》。
② 参见刘守刚《家财帝国及其现代转型》，高等教育出版社2015年版，第16页。
③ 《日知录·财用》。
④ 《唐六典》卷3《户部》。
⑤ 《曾文正公全集·奏稿》。

的。这种无休止、循环往复的轴心或动力源泉，就是国家主义的政治需要。"① 各封建王朝的中央规制均受制于这种国家本位的政治理念，以维护王朝统治和皇权为根本目的。但我们不能否认的是，各封建王朝，其外朝财政具有一定的公共性。对于鳏、寡、孤、独、笃疾、贫等，给予生活上的一定保障；对于遭遇重大自然灾害的地区和民众拨付救灾款项和减免赋税等。例如，朱元璋曾下诏："凡耆民年八十以上、乡党称善、贫无产业者，月给米三斗，肉五斤；九十以上者加帛一匹，锦一斤。若有田产能自赡者，止给酒肉絮帛。"② 各封建王朝也都特别重视对灾民的救助，形成了从地方政府上报灾情到中央政府拨付救灾款项和减免税赋比较完整的救灾制度，并对救灾中贪墨的地方官员给予重处。这是维护其政权合法性的重要举措。

"秦统一中国以后，在'天下一统'思想的指导下，建立了国家统一的财政体制，即以皇帝为轴心，实行国家、郡、县三级财政，国家财政的管理部门称为'治粟内史'，所有的财政收支均由'治粟内史'统一调度，并直接听命于皇帝。下设太仓令、丞，主管天下谷藏。此外，还有平准令、丞，主管天下物价。郡、县虽设立财政机构，不过是在治粟内史统一指挥下的具体征、管机构，而无支配财政收支的权利。如郡守的财政职责，不过是'劝民农桑'、'赈救乏绝'、'岁尽遣吏上计'，只有'边郡置农都尉，主屯田殖谷'；县令的财政职能，不过是'赈恤百姓'、'征收赋税'、'管理户口'、'上计郡国'。……汉朝建立后，承袭了秦朝的制度，仍然实行统收统支的财政体制，只是中央财政管理部门先后改为大司农、大农令，其他制度并未发生实质性改变。直到清代，这种统收统支的财政体制仍未进行实质性改革。"③ 并且，借助解协饷制度统一调配全国财政资源。"解协饷制度就是各地的布政使司在汇总本省的赋税收入后，除按预先估算并经中央政府核准的数额留下本省

---

① 郎毅怀：《从国家主义到民本主义：中国政治的体制与价值观》，中国发展出版社2014年版，第3页。
② 《明太祖宝训》卷2《厚风俗》。
③ 王军主编：《中国财政制度变迁与思想演进》（第一卷·上），中国财政经济出版社2009年版，第268页。

开支所需的钱粮外,其余的款项均需按照规定上解户部或协济邻近财政入不敷出的省份。这一制度是清朝财政体制运行的中心环节,中央政府发挥着中枢作用,也就是通过解协款制度的运行,中央政府能够对全国的财政资源进行控制与统一分配,从而保证国家财政收支的平衡。"① 各封建王朝之所以如此高度集权,一个容易被人们忽视但又十分重要的因素就是战争。以康熙时期为例,平定噶尔丹、剿灭三藩、收复台湾等,都需要消耗大量的粮饷,这是战争能够胜利的重要保障。而如此大规模的粮饷筹措,需要中央政府有足够的权威和相当的实力要求地方政府无条件配合。各朝各代为了维护王朝统治,必须保有一定数量的军队,这需要中央政府相当的支出。

为适应统治的需要,各封建王朝多通过税制改革,提高中央规制能力,改善财政治理状况,改革前后中央规制的程度和手段都发生比较大的变化。不同时期赋税制度的演化大体呈现如下镜像:夏商西周,分田定税、什一而赋;春秋战国,诸国争霸、税改风起;秦代,赋敛亡度、天下大畔;汉代,轻徭薄赋、国祚绵延;魏晋南北朝,屯田补税、均田租调;隋代,以户定税、归农正赋;唐代,行租庸调、推两税法;宋代,民田纳税、官田征租;元代,南北异制、赋税征钞;明代,赋役合一、官收官解;清代,摊丁入亩,耗羡归公②,赋税制度逐步由人头税向田赋过渡。其中最为重要的三次改革是唐朝的"两税法"、明朝的"一条鞭法"和清朝的"摊丁入亩"。赋役制度本身的缺陷、战乱造成的混乱财政关系、地方政府财政权力过大而且滥用现象严重迫使唐朝在中期以后实施财税改革,采用"两税法"。"天下兵起,始以兵役,因之饥疠,征求运输,百役并作,人户凋耗,版图空虚。军国之用,仰给度支、转运二使;四方征镇,又自给于节度、团练使。赋敛之司数四,而莫相统摄,于是纲目大坏,朝廷不能覆诸使,诸使不能覆诸州,四方贡献,悉入内库。……故科敛之名凡数百,废者不削,重者不去,新旧

---

① 杨梅:《晚清中央与地方财政关系研究——以厘金为中心》,知识产权出版社 2012 年版,第 23—24 页。

② 参见曾国祥主编《赋税与国运兴衰》,中国财政经济出版社 2013 年版,目录。

仍积，不知其涯。百姓受命供之，沥膏血，鬻亲爱，旬输月送无休息。"① 面对如此情形，唐德宗下令"自艰难以来，征赋名目繁杂。委黜陟使与诸道观察使、刺史作年支两税征纳。比来新旧征科色目，一切停罢。两税外辄别率一钱，四等官准擅兴赋以枉法论。"② 两税法后，中央政府重新掌握了地方政府的定税权，《起请条》规定："令黜陟使及州县长官，据旧征税数，及人户土客，定等第钱数多少，为夏秋两税。"并划分央地收支，"其黜陟使每道定税讫，具当州府应税都数，及征纳期限，并支留、合送等钱物斛斗，分析闻奏，并报度支、金部、仓部、比部"，即黜陟使要把各州府的两税额划分为"上供、留使、留州"三个份额。总之，"两税法"统一了税制，提高了中央财力，加强了对地方藩镇和官员的约束。明朝中期，地方官员与豪滑奸民相互勾结，篡改赋役册籍，赋役征收混乱，舞弊现象严重。加之土地兼并等原因，出现严重的财政危机。以张居正为首的改革派大力推行一条鞭法，试图改变如此境况。"一条鞭法者，总括一州县之赋役，量地计丁，丁粮毕输于官。一岁之役，官为佥募。力差，则计其工食之费，量为增减；银差，则计其交纳之费，加以增耗。凡额办、派办、京库岁需与存留、供亿诸费，以及土贡方物，悉并为一条，皆计亩征银，折办于官，故谓之一条鞭。"③ 丈量土地，使地方官员与豪滑奸民相互勾结谎报田亩的可能性大大降低；并为一条，计亩征银，使地方官员不得在此之外征收其他苛捐杂税，可以有效防止地方官吏滥征，减轻了民众负担。"明末清初之际，清政府为了筹集军费，曾屡次下令裁扣地方存留银的命令，致使地方财政日益困窘，加之清初为了节省开支，曾实行低俸禄制度，因此，地方官员为解决地方开支问题和满足自身的奢华生活欲望，遂额外加派于民。"④ "横征私派之弊，其祸尤烈！如收解钱粮，私加羡余火耗；解费杂役，每浮额数，以至公私一切费用皆取给于里民。……总之，无事不

---

① 《旧唐书》卷118《列传》68《杨炎传》。
② 《册府元龟》卷89《帝王部·赦宥》。
③ 《明史·食货志》。
④ 叶振鹏主编：《中国历代财政改革研究》，中国财政经济出版社2013年版，第400页。

私派民间，无项不苛敛里甲。而且用一派十，用十派千，以饱赃官蟊蠹之贪腹。嗟乎小儿，膏血有几？而能看满此漏卮巨壑哉。"① 至雍正即位时，中央财政入不敷出，库帑日绌。为此，清政府推行了"摊丁入亩"和"耗羡归公"两项财政改革。摊丁入亩，"因田起丁，计亩科算"，可以防止地方官员在编制人口册时弄虚作假、与豪绅地主勾结，保障中央政府的财政收入。雍正年间国库逐渐充盈，得益于摊丁入亩的推广。而"耗羡归公"是防止地方官员随意扩大耗羡的额度，盘剥老百姓。

除赋税制度外，盐铁专卖制度也是中央政府控制地方财政的重要手段。"汉文帝在位时，曾将矿山和铸币权赐予吴王刘濞和宠臣刘通，他们依山铸钱，富甲天下，卓王孙也正是承包了邓通的矿山而富比王侯。诸侯王势力强大，威胁中央政权，景帝的削藩政策酿成'七国之乱'。汉武帝要反击匈奴，就必须强化继续削藩和抑制地方豪强，才能减轻后顾之忧。汉武帝正是通过盐铁专卖等政策，逐渐削弱了诸侯王的势力，击败了北方游牧民族，拓地千里。唐王朝在实行盐铁专卖之后，财政状况迅速好转，到宪宗时，国力有所提升，陆续削平了一些藩镇，中央政权得到强化。"②

另外，中央政府通过上计、监察、奏销等制度了解地方财政情况和约束地方财政行为，以考成和交代制度评定和审查地方官员的财政行为。上计是由地方官员向中央政府汇报包括财政在内的地方情况；监察是中央政府派员对地方财政情况进行检查；奏销是地方政府的各项花费由中央政府予以核实和销账，相当于现今的结算制度；考成是以相关指标对地方官员进行考核，以影响和评定其行为；交代是对离任官员进行审计。

"所谓的上计，就是地方政府向朝廷汇报当地的社会经济与财政收支等的基本情况，为国家编制财政预算提供依据。我国的上计制源远流

---

① 《皇朝经世文编》卷20《禁绝火耗私派以苏民困示》。
② 曾国祥主编：《赋税与国运兴衰》，中国财政经济出版社2013年版，第355页。

长。战国时期,各国即有'上计'或'听计'的记载。"①《商君书·禁使》记"夫吏专制决事于千里之外,十二月计书而定,事以一岁别计,而主以一听"。"上计制度,到了春秋战国时期,加强了对财税内容的考核,按商鞅所说,包括库储数、丁男丁女数、老弱人口数、官士数、游士、利民及马牛刍稿等13类内容。每年由地方长官或上计吏向上级长官或天子汇报财政收入完成的情况,汇报时携带收支报告表册。主持报告的长官或天子,要召集有关官署的官员,一同听取地方的报告。履职情况优秀的,受到奖励,任务完不成的,按程度轻重给予处分直至罢官。"②历朝历代在此基础不断完善上计制度,是中央政府了解地方财政状况的一个重要途径。

监察制度是封建王朝中央规制最为重要手段之一。从秦汉到明清,中央政府通过巡察地方财政情况、参与地方财政官员的考核、参奏一切违反财政法规的官员和财政活动等来行使对地方财政的监察权。当然,职官的名称和监察的内容等在各个朝代有所不同。"武帝元封五年初置部刺史,掌奉诏条察州,秩六百石,员三十人。成帝绥和元年更名牧,秩二千石。哀帝建平二年,复为刺史,元寿二年复为牧。"③《汉书》曰:"监御史,秦官,掌监郡,汉省。"④从隶属关系上看,监御史受命于御史大夫,受其统领。作为常驻地方的监察官员,其主要职责是代表皇帝监察地方官吏。⑤汉武帝分全国为十三州,每州包括八九个郡,设州刺史一人,州刺史直属朝廷御史大夫系统,负责监察各郡太守的工作。至唐初,按"山河形便",分天下为十道,道下置州府、县,唐玄宗"开元二十一年,分天下为十五道,每道置采访使,检察非法,如汉刺史之类"⑥。至宋代,道改名为路,将全国地区分为若干路,每路大致

---

① 杨际平:《中国财政通史·第二卷 秦汉财政史》,湖南人民出版社2013年版,第455页。
② 孙飒刚、王文素主编:《中国财政史》,中国社会科学出版社2007年版,第61页。
③ 《汉书·百官公卿表》。
④ 同上。
⑤ 焕力主编:《中国历史廉政监察研究》,武汉大学出版社2015年版,第9页。
⑥ 《旧唐书·地理一》。

建立了三方面的监司：转运使司，掌一路财赋；安抚使司，掌兵马；提点刑狱公事，掌刑狱。① 明朝为强化君主专制制度，进一步扩大了监察机关的权力。在中央设立都察院，都察院直属皇帝。都察院下设监察御史。监察御史派出时为巡按御史，分巡十三道。监察御史的职责范围很广，其中巡盐、巡茶、巡马，查算钱粮是其重要职责之一。②

"在明代财政管理基础上，清代自顺治、康熙时起，就着手在财政管理方面建立一套完整的财务奏销审计制度。奏销制度通过一系列下级官员上缴清册（奏销册）的行为来体现，最重要的是各个督抚给户部上缴清册。每年年终，州县地方官编制已征与未征赋税的清册，然后将这些清册上缴给布政使（有时通过知府或道员等中间官员呈递）。布政使亲自填写全省的四种清册，开列旧管、新收、开除、实在四项，接着向督抚承缴文稿，而督抚衙门人员则誊抄黄册上呈皇帝，并誊抄'清册'上缴户部。这些报告包括地丁钱粮征收、开支、欠征、起运京师、省里存留、划拨军队费用、为京师购买土产等各数目，以及剩余的数目。在这些奏销册里，下级官员（特别是各省官员）必须为他们簿册中的数据做出解释和说明。那些正式的经费在拨款时，要上报确切的数目，否则不能支出；未得户部批准，任何地方存留经费都不可以支用。户部收到奏销册以后，会将地方官员的奏销与京中的那些数据相比，以确保所有收入与支出相等，并且所有的支出都是事先经过同意的。在对有关数据逐项进行审核后，户部或准或驳，并将清册发还督抚修订，或要求其对有关问题进行解释。"③ 顺治初年定："凡直省解户部钱粮完欠及田赋杂税、兵马钱粮各项奏销册，有蒙混、舛错者，由户科指参。又议准：凡田赋杂税奏销，由布政使司造册呈巡抚转送；兵马钱粮奏销，由提标协营造册呈总督转送，均由户部查核。每年于五月内送达，如不能依限，督抚提请展限，知会户科。"④ 即"凡岁课奏销，布政使会所属见年赋

---

① 参见周天《中国历代廉政监察制度史》，上海文艺出版社 2007 年版，第 157 页。
② 参见王军主编《中国财政制度变迁与思想演进》（第一卷·下），中国财政经济出版社 2009 年版，第 955 页。
③ 刘守刚：《家财帝国及其现代转型》，高等教育出版社 2015 年版，第 177—178 页。
④ 《钦定台规》卷 16《六科二》。

税出入之数申巡抚，疏报以册达部，曰奏销册。载旧管、新收、开除、实在四柱，条析起运、存留、支给、拨协、采办为数若干，以待检校。部会全数而复核之。汇疏以闻。以慎财赋出入，以定奏销考成"①。实际上运行中，由户部下设的十四清吏司稽核分省奏销，"凡钱粮入有额征，动有额支，解有额拨，存有额储，无额则有案。及奏销，则稽其额与案而议之。省各隶于司"②。顺治以后，这一制度逐步完善，一直沿用至清朝末年。

　　地方财政的治理情况，与地方官员有着莫大的关联。因此，如何影响和约束地方官员的财政行为，至关重要。历朝历代多采取各种形式的考核以规制地方官员。以宋朝为例，宋太祖建隆时，"所有增添户口、租税课绩、并兵戈灾沴，并准《长安格》处分"③。宋神宗熙宁二年，把"及能赈恤困穷，不致流移，虽有流移之人，而多方招诱，却令复业，一任之中住客户比旧籍稍有增衍"列为考校知县县令"抚养之最"的重要内容④。再者，对于即将离任的官员实行钱粮交接制度，与当今对离任官员进行经济审计有着相同的功能。《钦定吏部处分则例》规定："州、县官离任交代，该督抚先将接任之正署官到任日期，报明户部，仍委员监盘，将仓库钱粮依限交待。查无亏缺，出据印结，将到任出结各日期于文内声明，送该管道员移司复核，详报督抚。并将监管职名一并咨部存查。"

　　如若中央政府无法对地方财政进行有效控制，可能导致地方势力崛起，民不聊生，引发中央政府的财政危机，甚至造成国家的分崩离析。西汉初年，由于封国的存在，地方财政具有较强的独立性，甚至中央政府的财政收入、铸币等，都仰仗各封国。面对匈奴在边境的袭扰，只能以和亲等政策来暂时解决边境危机。当中央政府意图对封国进行改革时，发生了"七国之乱"。唐朝末年，由于各藩镇享有完全独立的财权，

---

① 乾隆《大清会典》卷10《户部》。
② 光绪《大清会典》卷20《户部》。
③ 《宋会要辑稿》职官五九之一。
④ 《宋会要辑稿》职官五九之九。

各行其是，对中央政府构成了极大的威胁。而此时的中央政府又无力改变这一状况，在藩镇的施舍下勉强度日，最终走向灭亡。清朝末年，地方督抚不断扩大其财权。清廷虽多次进行整顿，但不仅未实现清廷恢复旧制的目的，反而出现督抚权力的再扩展，"户部之权日轻，疆臣之权日重"①，成为定局且不可逆。主要是因为，凭借雄厚的经济军事实力，地方督抚借中央下放军事权和行政权之机，进一步侵蚀中央财政收入，甚至开始瓦解中央的货币发行权、公债发行权等，地方财政权得以变态扩大。首先，地方政府通过多种形式和渠道侵蚀中央财政收入，包括截留京饷、协饷、动用盐课、关税等。以京饷的截留为例，"1850年两江总督陆建瀛在藩库正项下留银10万两以济军需，1851年安徽、江西等省截留本年新漕，充作军食"②。其次，甲午战争后由于巨额赔款及新政、扩军并起，地方财政紧张，为弥补财政赤字，地方督抚纷纷大举借入外债。"据不完全统计，仅1900—1911年间，经地方督抚之手所借的外债就有21笔，总额达3767.76万两。"③ 地方外债的泛滥，一方面，使得中央难以控制外债的规模、用途、借入及偿还，加重了财政危机；另一方面，使地方得以独立与西方列强进行交涉，开"东南中外互保"及军阀割据之端倪。再次，1853—1860年，各省在朝廷指令下铸币行钞，所得财政收益巨大，但因私铸、贬值、物价腾贵、商民不便而被迫停止发行。随后，各省在是否可以铸币行钞之间摇摆不定。④ 最后，在清朝"变以求通"的过程中，产生了独立于国家财政体系之外的"厘金"制度，其征收和使用均由统兵大臣和各地督抚自行掌控。⑤ 据估算，在19世纪50年代，厘金收入每年都达1000万两。六七十年代以后，更达1500万两。如此巨大的款项，自始至终都掌握在地方督抚而非中

---

① 《曾文正公全集·奏稿》。
② 《清文宗实录》。
③ 中国人民银行总参事室：《中国清代外债史资料》，中国金融出版社1991年版，第846页。
④ 参见彭立峰《晚清财政思想史》，社会科学文献出版社2010年版，第276—286页。
⑤ [美] 吉尔伯特·罗兹曼主编：《中国的现代化》，国家社会科学基金"比较现代化"课题组译，江苏人民出版社2003年版，第72页。

央政府手中，形成独立于中央财政系统之外的地方财政系统，这样形成的结果必然是不断加大地方分权的倾向。清廷随后进行的各种变革也没能改变这一局面，清王朝最终走向覆灭。

再者，"严重的'法外加征'现象，往往发生在中央集权衰弱、地方割据势力猖獗的历史时期，且多为地方官员行为"①。如，南朝时期的刘宋，郢州刺史沈悠之"赋敛严苦，征发无度"②。"从18世纪腐朽透顶的中央集权退到19世纪的地方主义，最后坠入20世纪的军阀主义，中国就演变为一个动辄为强暴的、赤裸裸的军事力量所左右的国家，程度相当严重。"③ 在地方主义和军阀主义下，无论是从财力还是从其他方面，中央政府都无力规制地方。地方民众并没有因为包括财政权限在内的地方权限扩大获益，反而不得不缴纳各种苛捐杂税，生活在水深火热中，民不聊生。军阀统治下的各省，俨然是独立王国。而各省的督军，成了一个个至高无上的国王。全省的军政大权由他一手抓，财政如何安排，自然更没人来过问。督军想怎样搜刮，就怎样搜刮，漫无限制地不断提高正常税捐，还挖空心思的创造出许多新的苛捐杂税，强硬地向人民进行残酷勒索。这类苛捐杂税主要是三种，第一种是在旧有名目外加征的所谓"附加税"或其他新税，如奉系军阀张宗昌统治下的山东，单单在田赋上就附加了四种苛杂："军事特别捐""军鞋捐""军械捐""建筑军营捐"，合计为大洋五元三角，大大超过了正税；第二种是预征未来年份的正税，如直系军阀萧耀南在湖北于1924年就曾通令各县，限期征解1925年和1926年两年的田赋；第三种是无目的的硬派，如1922年直系军阀曹锟为筹划战地饷需，定出所辖各县科派数字。而且督军想怎么花钱，就怎么花钱。所谓的地方财政名义上是公家的，事实上公私不分，督军要把公财转入私囊，中央政府也无力进行规制。④

---

① 陈明光：《中国古代的纳税与应役》，商务印书馆2013年版，第338页。
② 《宋书·沈悠之传》。
③ ［美］吉尔伯特·罗兹曼主编：《中国的现代化》，国家社会科学基金"比较现代化"课题组译，江苏人民出版社2003年版，第72页。
④ 参见杨荫溥《民国财政史》，中国财政经济出版社1985年版，第32—36页。

(二) 央地财政非均衡性的世界图景

就中央对地方财政的规制而言，规制手段无外乎立法规制、行政规制和司法规制，运用税收、均衡性转移支付等财政工具。不同的是，由于各国不同的演进过程、文化传统和发展水平，选取的财政工具不同，运用的规制手段也不尽相同，呈现样态各异的规制图景。但以纳税人权益保障和基本权利现实为根本目的，采用法治化进路，以引导或控制地方财政支出为规制重点，借助先进的信息技术实现全程监控，是当前诸多发达国家中央规制的真实写照，也是发展中国家未来演进的方向。对大多数国家而言，中央规制不论如何演进，国家稳定有序的促成都有赖于中央政府拥有强大的财力和对地方财政有效规制的能力。因此，各国呈现不同程度的中央集权。不论是单一制国家，地方财权来自中央授予，还是联邦制国家，联邦政府的规制权来自各邦或各州之让渡，在国家形成后，为维系国家统一、保障纳税人权益和实现纳税人基本权利，中央（联邦）政府必须拥有规制地方财政的能力和手段。

在美国、加拿大和澳大利亚，虽然联邦政府和地方政府[①]拥有相对独立的财政权力，地方政府享有相对独立的税权、独立编制预算、独立审议预算的权力等，但联邦政府仍可以采取一定的措施对地方财政进行规制。美国，主要是借助联邦最高法院的司法审查来维系其宪法第6条所确立的"联邦法律效力最高原则"，约束地方财政行为；通过税收分享（主要是税基）中的税收调和影响州和地方的财政收入；并借助引导类的专项转移支付和设定一些基本权利的支出标准影响地方的财政支出；以垂直管理系统来实施中央财政收支活动，联邦税由联邦税务局来征收，其支出多由垂直管理机构执行，以此来贯彻联邦政府的意图；借助信息手段监控地方债务情况等。在加拿大和澳大利，联邦政府是财政资源分配的主角。借助均衡性转移支付，使得地方政府对联邦政府形成依赖，并以专项转移支付增强地方政府提供一些基本公共服务的能力、引导其投向。地方政府均具有相对独立的发债权，受债券市场调控，在澳大利亚还受到贷款委员会的总额控制。

---

① 这里的地方政府是指州或省一级的政府。

加拿大和澳大利亚由于各地经济发展水平差异较大,均衡性转移支付在联邦政府规制地方财政中占有十分重要的位置。而且在加拿大,魁北克省一直存在着独立倾向。为防止此类事情的发生,联邦政府拥有强大的财力和规制能力显得更加重要。从澳大利亚中央规制的历史演进来看,呈现财政权力向联邦政府集中的趋势。联邦成立之初,其宪法将40余种权力赋予了联邦政府,如国防、贸易和税收等权力,而州政府享有剩余权力,此时州处于主导地位。但从1901年以后,联邦和州政府在财政领域的角色和责任都发生很大转变,联邦政府的财政权力不断扩张(见表4-1)。

表4-1　　　　　　　　　澳大利亚财政关系历史变化简表

年份	发展过程
1901	宪法规定,州政府的关税和消费税转移至联邦
1908	联邦立法规定分配各州之前的保留数额
1910	引入给州的人均补助及给人口较少州的特别协助补助
1915	联邦开始征收所得税,与州的所得税共存
1923	给予州政府执行道路建设工程相关的补助
1926	最高法院裁决联邦可以补助宪法关于州政府单独责任96%的部分
1933	联邦拨款(补助)委员会建立,试图解决因为州财政状况导致的政治不稳定
1942	最高法院支持联邦征收统一所得税
20世纪40年代晚期—70年代	联邦更多使用专项补助
1971	联邦将征收工薪税的权力移转至州
1976	从1976年到1977年,州将获得固定比例的澳大利亚政府所得税收入
1981	联邦补助委员会公布了有关税收分享相对系数的第一份报告。横向财政均等方法的使用极大改变了州政府的分享份额
1985	大量的财政补助拨款取代了税收分享安排
1997	最高法院裁决,有些州税违宪。结果,联邦政府增加了其对有些税种的征税权,并且向州提供收入替代拨款
1999—2000	联邦与州政府同意税制改革。联邦将从新的GST得到的收入全部提供给州
2008	联邦与州政府签订了政府间财政关系协议。协议将90种特别目的拨款合理化为5种全国专项转移支付

资料来源:Peter Robinson and Tess Farrelly,"The Evolution of Australia's Intergovernmental Financial Relations Framework",*Australian Journal of Public Administration*,Vol.72,No.3,September 2013。

对于英国、德国、日本而言，财政权力均集中于中央（联邦）政府，但集中的方式各有不同，对地方财政的规制方式也有很大差异。虽然近年来，这些国家纷纷采取了分权措施，但始终没能改变集权传统，财政权力的下放与监控触角的延伸如影相随。英国采用的是中央全面管控地方财政的模式，通过立法、行政、司法严格约束地方财政行为；德国税收立法权集中于联邦政府，联邦立法具有优先性，并基于各地居民生活和投资环境一致的基本法要求，运用纵向和横向转移支付形式影响地方财政的运行；日本严密的法律规范和行政制约相结合，中央政府制定了《地方自治法》《地方财政法》《地方税法》等法律，实现对地方财政高密度的约束，以审批制和协商制并存的方式控制地方具体的财政行为。

在英国，中央政府不仅通过立法调整地方的财政权力、约束地方财政的运行，而且地方政府颁布的法律草案，一般要经过中央政府或国会的同意或默许后才能颁布和实施。即使这些草案只涉及本管辖区的事务，也不例外。地方政府的财政权力都有法令规定，当它们的行动越权了（超出了法令规定的范围），或损害了公民的人身和财产权时，任何公民或检察长都可以向法院提出申诉，法院对他们的申诉进行裁决。再者，地方政府的行动或决定还受到高级法院的命令制约，这些命令有训令、禁令和提审令三种形式。中央政府还通过开支控制、账目审查、拨款、借款和贷款控制等约束地方财政行为，中央政府有关部的大臣有权颁布指令或议定条例责成地方执行，而且地方的有些计划或方案需呈报有关部门的大臣批准后才能实施。①

东、西德统一后，两地间经济社会差异较大。为了弥合这种差异，联邦政府采取了多种措施。《德国基本法》第 106 条规定："联邦及各州之预算需要应予以协调，以达成合理之平衡，避免过重之税负并确保联邦境内一致之生活水平水准。"其为差距的弥合，提供了宪法依据。"为强化联邦政府的威信，科尔和施罗德政府将实现德国内部真正的统一作为头等大事来抓，积极构建在联邦主导下成立的同各州政府进行协

---

① 参见张钢、李廷主编《英国地方政府管理》，科学出版社 2015 年版，第 48—50 页。

商的'团结契约',并设立主管和协调东部新州建设的国务部长职位。此外联邦借助《基本法》中关于社会国家、联邦国家的总原则将东部五州纳入横向平衡体制以迫使西部老州屈从于国内区域规划,让渡高额资金与东部的同时亦削弱其自求平衡的能力,导致老州不堪重负进而日益求助于联邦以让渡更高比例的增值税。实践证明,联邦一方面出让10%—15%的增值税,另一方面始终维系50%以上的自留成以保证资源实力,这是'适度集中、相对分散'的德式财政联邦主义的生动再现。"①

日本明治维新之前,外有北方俄国的政治压迫、南方欧美各国商船的扣关,内有德川幕府的腐败无能、武士阶层生存处境的恶化,兼之受中国屡被外来列强欺凌现实的刺激,以大久保利通等为代表的一批中上层武士,起而发动倒幕运动,使政权回到日本皇室手中。到掌权五年后的1873年,明治政府便建立起有效的中央行政体系,直接控制了地方事务,并使自己有了可以预计的岁入,中央权威初见雏形。②发展至今,财政领域的中央权威得以凸显。中央政府通过立法对地方财政进行严格约束,在《地方税法》中规定地方自治团体可以选择的税种以及相关征收要件;以地方交付税等使地方自治团体形成对中央政府的依赖,国库出让金引导地方财政投向;《地方财政法》等法律对地方债的用途、限度等进行控制,以要求地方自治团体同中央协商的方式对地方债进行管控。同时,还通过设定"实际公债费率"、"公债费负担比率",消除地方债的低效性及预防过量发行。③

其他一些国家,也基于不同的理由以不同方式走向中央集权,实现央地财政的非均衡性。"巴西从葡萄牙统治之下独立之后,中央政府羸弱。地方仍控制着佃户和地方政府,中央政府不断和高度自治的州政府争夺权力和资源,后者只关心地方精英的利益。直到瓦加斯(Vargas)

---

① 罗湘衡:《政府间财政平衡体系与府际关系的调整——以统一后的德国为例》,《上海行政学院学报》2012年第2期。

② 参见程亚文《大国战略力》,文汇出版社2016年版,第49页。

③ 参见[日]内山昭《日本发行地方债的经验及教训》,施锦芳译,载寇铁军主编《地方财政与体制创新》,东北财经大学出版社2011年版,第29页。

执政期间（1930—1945），中央的权力才得以集中。……巴西的资产阶级、企业管理层和国家的官员在人事和利益上逐渐统一，联合起来削弱了地方阶层和世袭地方政府的力量。"① 这很大程度上是因为这些阶层对国内统一市场的需要。在15世纪，丹麦、挪威、瑞典是由丹麦国王统治的。这些国家的居民向国王纳贡，有权自主地处理地方事务。由于没有中央的介入，地方经营、顾客导向、福利国家的理念得到广泛传播。地方政府因此承担了国家的大部分职能，而中央政府主要承担象征性功能和外交职能。进入现代以后，丹麦、挪威、瑞典诸国的中央政府承担了更广泛的管制和监督功能。② 这说明适度的中央集权是社会发展的必需品。

在南斯拉夫1974年宪法体制下，联邦政府的财政收入占国家财政收入的比重，前期多数年份30%多一点，后来又降到了28%左右。这个数目仅够维持联邦国家机构和联邦军队的存在，不足以保障联邦机构有效行使本来就少的法定职权，更谈不上进行宏观调控或运用财政手段促进各地区的均衡发展。联邦逐渐丧失了维持必要权威和国家统一的物质基础。再者，由于过分强调权力下放，分散管理，强调成员单位独立自主，造成成员单位在经济上闭关自守，各行其是，只顾本地利益，损害全局利益。③ 最终，南斯拉夫走向覆灭。

（三）央地财政非均衡性的中国诉求

当前，我国既需要应对复杂的国际环境，更需要推动国家治理的有效展开，促进经济社会的发展，提高公共福祉。在国家治理中，如今最需要解决的问题是国家现代化、市场统一和基本公共服务均等化等。这些问题的解决和国际挑战的应对，都需要中央政府发挥重要作用。而"财政乃庶政之母"，中央政府作用的发挥有赖于中央政府集中一定的财权财力。

从历史上看，中国属于现代民族国家的第三波，其国家主权原则和

---

① ［美］理查德·拉克曼：《国家与权力》，郦菁、张昕译，上海世纪出版集团2013年版，第93页。

② 参见汪锦军《政府责任、合作提供与混合竞争：现代公共服务体系构建中的组织与机制》，中国社会科学出版社2015年版，第38页。

③ 童之伟：《国家结构形式论》，北京大学出版社2015年版，第349页。

国家利益并没有获得国际社会真正卓有成效的认同和尊重。随着 21 世纪国际政治秩序进入新的格局，特别是中国作为一个沉睡的大国在现代国内外形势下政治、经济、军事与文化等方面的全方位复兴或崛起，必然要应对各方面的挑战。① 在国际社会上，中国要想赢得应有的国际地位，促进经济社会的进一步发展，则需要整个国家团结一致。在这一过程中，需要强大中央政府的主导。加之，周边环境的复杂多变和海洋权益维护意识的增强，各种外交活动和海上执法活动等频次不断增加，仅 2015 年一年中国海警舰船编队在我钓鱼岛领海巡航的次数就达 35 次之多②。而财力是一切国家行动的基础，中央政府只有拥有足够的财力，国家的各种行动才能有效开展，才能更好地应对国际挑战、维护国家利益。

我国属于"后发—外生型现代化"，中央政府仍需发挥重要作用，肩负着现代化建设的重任。从世界范围来看，近代西欧"早发—内生型现代化"国家进入现代化过程的基本规律是，各国纷纷建立起以君主制为特点的中央集权制，迅速消除法律割据和国家分裂局面，实现国内法律和市场的统一，从而较快建立资本主义市场经济体系和完成资本主义的原始积累，顺利进入早发达国家的行列。③ 而如今这些发达国家多推行福利政策，需要中央政府具有相当财力。所以，中央政府依然保持财政集权的状态。"显然，相对于'早发—内生型现代化'国家而言，许多'后发—外生型现代化'国家长期处于殖民地的状态，即使在获得独立之后依然处于经济组织能力较低、劳动力素质不高、资本积累不足、市场发育不完全的发展困境之中。这种现实的生存背景，与实现国家现代化的巨大压力和时间上的紧迫感扭结在一起，促使这些国家权力的高度中央化和集权化。"④ "在亚洲、非洲和拉丁美洲的大部分国家里，现

---

① 参见高全喜《现代政制五论》，法律出版社 2008 年版，第 136 页。
② 数据来源：国家海洋局（http://www.soa.gov.cn/bmzz/jgbmzz2/hjs/index_1.html）。根据国家海洋局海警舰船编队出警记录整理而得。
③ 参见薄贵利《集权分权与国家兴衰》，经济科学出版社 2001 年版，第 100—103 页。
④ 任广浩：《当代中国国家权力纵向配置问题研究》，中国政法大学出版社 2012 年版，第 34 页。

代化面临着巨大的社会障碍。贫富之间、现代的社会精英与传统的人民大众之间，强者与弱者之间的巨大鸿沟——这是当今致力于现代化的那些'旧社会'遭受的共同命运——与18世纪美国所存在的那种'一个阶级'的'和睦统一'形成鲜明的对照。和17世纪欧洲的情形一样，这些鸿沟只有建立起强大的、集权的政府才能被填平。"①

市场的统一需要一个拥有权威和较强宏观调控能力的中央政府，这些品质的具备离不开雄厚财力的支撑。1992年10月党的十四大确立我国经济体制改革的目标是建立社会主义市场经济体制，1993年宪法修正案规定"国家实行社会主义市场经济"，1993年11月党的十四届三中全会通过的《中共中央关于建立社会主义市场经济体制若干问题的决定》提出了建立社会主义市场经济体制的具体措施。这些大政方针的出台和宪法修正案的通过与1994年分税制改革有着千丝万缕的联系，既是其重大的历史背景，也是这项改革的重要动力。分税制提高中央财权财力的各项举措不仅仅是解决中央政府面临的财政困难，更重要的是通过增强中央政府的财力和对地方财政的控制强化中央权威，破除财政包干诱发的严重地方保护主义，实现市场的统一。

党的十八大报告中提出了2020年总体实现基本公共服务均等化的目标，十八届三中全会重点强调推进基本公共服务均等化，四中全会要求强化省级政府统筹推进区域内基本公共服务均等化职责，五中全会意在塑造基本公共服务均等的发展新格局。《十三五规划纲要》明确要求围绕标准化、均等化、法制化，加快健全国家基本公共服务制度，完善基本公共服务体系。目标的设定和规划的出台足以印证国家对基本公共服务均等化的重视和其本身的迫切性，其已成为重要的国家战略。我国各地经济社会发展水平，尤其是财政能力差异较大。"各地财政能力的差异，势将使各地方政府能够提供的公共服务水平高低不同，为维持各地方均衡发展，保持全国行政服务水准的统一，不至于使某些地方居民

---

① ［美］塞缪尔·P.亨廷顿：《变化社会中的政治秩序》，王冠华等译，生活·读书·新知三联书店1989年版，第128页。

沦为二等国民或三等国民的情况，有必要进行财政调整。"① 财政调整的进行，需要中央政府除维持自身运转的经费外，还要有剩余的财政资金可调配。

当前我国城乡和地区之间基本公共服务存在较大差距，如卫生医疗领域，公共卫生和基本医疗服务城乡、地区间发展严重不均衡。通过数据对比可以看出，我国城市与乡村享有的卫生医疗资源差距甚大。从人均卫生费上看，城市享有的人均卫生费用远远高于农村享有的人均卫生费用。以2014年为例，城市人均卫生费用是3558.31元，农村人均卫生费用是1412.21元，城市是农村的2.5倍，有些年份甚至超过4倍。而在每千人口医生数、医疗卫生机构床位数上，城市也是农村拥有量的2倍以上（见表4-2）。从各省每千人口医生数、卫生机构床位数来看，我国东西中部在公共卫生资源配置上财政投入差距明显。东部地区优势明显。② 面对如此严重的城乡和地区差距，需要中央政府通过转移支付等手段加以解决。而运用此种手段，中央政府必须拥有雄厚的财力。

表4-2　　2007—2014年我国城市与农村医疗资源分布情况对比

年份	人均卫生费用（元）			每千人口医生数量（人）			每千人口医疗卫生机构床位(张)		
	合计	城市	农村	合计	城市	农村	合计	城市	农村
2007	875.96	1516.29	358.11	1.61	2.61	1.23	2.83	4.9	2
2008	1094.52	1861.76	455.19	1.66	2.68	1.26	3.05	5.17	2.2
2009	1314.26	2176.63	561.99	1.75	2.83	1.31	3.32	5.54	2.41
2010	1490.06	2315.48	666.3	1.8	2.97	1.32	3.58	5.94	2.6
2011	1806.95	2697.48	879.44	1.83	2.62	1.1	3.84	6.24	2.8
2012	2076.67	2999.28	1064.83	1.94	3.19	1.4	4.24	6.88	3.11
2013	2327.37	3234.12	1274.44	2.06	3.39	1.48	4.55	7.36	3.35
2014	2581.66	3558.31	1412.21	2.12	3.54	1.51	4.85	7.84	3.54

说明：本表系按当年价格计算核算数。

资料来源：《中国统计年鉴》2015。

---

① 陈清秀：《现代财税法原理》，元照出版有限公司2015年版，第656页。
② 参见王薇《政府支出责任转型的研究——基于基本公共服务均等化的背景》，红旗出版社2015年版，第102—103页。

加之，我国改革已经进入深水区，问题更加复杂和多元，还有既得利益者的阻碍，更加需要一个财力雄厚的中央政府来主导和推动。正如邓小平同志所说："党中央、国务院没有权威，局势就控制不住。我赞成边改革、边治理环境整顿秩序。要创造良好的环境，使改革能够顺利进行。中央决定了措施，各地各部门就要坚决执行，不但要迅速，而且要很有力，否则就治理不下去。"① 现代国家意味着一个强有力的中央政府高踞于所有社会政治组织之上，中央权威覆盖境内所有领土和居民②，而财权财力是中央政府保持权威的必要手段。

二 中央干预限度的探究：以谦抑性为分析工具

在福利国家和均衡发展的大背景下，中央政府更有规制地方财政之责。但中央对地方财政的规制，本质上是一种干预，其在合理范围和限度内有其正当性。一旦超出特定的范围和限度，不仅可能损及地方政府的正当权益，影响其发展，也可能对纳税人的权益造成侵害，其正当性也就不复存在了。因此，有必要对中央规制权进行限制。权力运行本身、干预的性质和关涉纳税人利益等促使中央规制必须保持谦抑性，这种谦抑性是其内生理念，从理论层面指导着中央规制的开展。在中央规制中，谦抑性有着特定的内涵，具体包括限缩性、补充性、经济性和宽容性等。只有践行这些具体内涵，中央规制才能始终保持谦抑干预的状态。谦抑干预能否得到有效贯彻，关涉地方积极性的发挥。

（一）谦抑性理念的内生性

中央与地方财政关系是指具有隶属关系或监督指导关系的中央与地方国家机关主体，在行使国家财政权力和地方财政权力时依法形成的权利义务关系。③ 权力具有扩张的本性和异化的可能，其行使应当保持谦抑。这是所有权力必须遵循的定律和底线，中央规制权作为权力的一

---

① 《邓小平文选》（第三卷），人民出版社1993年版，第277页。
② 郑永年、王旭：《论中央地方关系中的集权和民主问题》，《战略与管理》2001年第3期。
③ 参见刘小兵《中央与地方关系的法律思考》，《中国法学》1995年第2期。

种，也不例外。当然，中央规制权不是单一性权力，而是一种集合性权力，有很多具体的权力形态，例如，指导权、监控权、许可权、考核权、纠正权、代履行权、督促权、缔约权等等。在这些权力的行使中，中央政府和地方政府既有非对等关系的存在，也有对等关系的存在。对于指导权、监控权、许可权、考核权、纠正权、代履行权、督促权等行使，中央政府和地方政府处于非对等状态，不以地方政府的意志为转移，但应畅通地方政府表达意见的渠道；而对于缔约权等的行使，则处于对等地位，应当使地方政府充分表达意愿，平等协商。但不论是否对等，中央政府在权力行使的过程中均处于主导地位，具有相对优势，权力容易扩张或异化。因此，中央规制保持谦抑性实属必要。

再者，中央规制本质上是对地方财政的干预。作为一种干预行为，中央规制通过各种机制和手段介入到地方财政的运行中，在一定程度上改变了地方财政的运行轨迹，调整了其运行状态，并在特定情况下对地方政府及公务人员作出一定的处罚。这种改变和调整，如果过度，势必会干扰地方财政的正常运转。更为重要的是，随着纳税人意识的觉醒和地方民主的不断发展，辖区内的纳税人将依托诸多途径对地方政府的财政权力制衡，成为真正的财政治理主体。反过来，良好的地方财政治理将为地方民主的进一步发展提供更加有利的环境。而对于中央权力，由于层级化等原因，辖区内的纳税人很难对中央权力进行有效制衡。有鉴于此，应当尽量减少中央干预的频次和程度，保持必要的限度，尊重地方政府在财政治理中的地位，使其正当有效地行使财政权力。

中央对地方财政的规制，看似是国家内部权力的分配和监督，与纳税人无涉。但实际上，这一关系的变动对纳税人的切身利益有着重大影响。例如，1994年分税制的实行不仅使得央地财政的收支状况发生了重大变化，而且从税收征管和财政支出等方方面面影响着千千万万纳税人的利益。再者，中央规制的目的之一就是促进基本公共服务均等化，解决各地基本公共服务不均衡的问题。在均等化的过程中，中央规制势必与纳税人权益的保障和基本权利的实现相关联。既然中央规制关涉纳税人权益的保障和基本权利的实现，并以此作为其正当化的基础，中央规制机制和手段的设计和调整应当充分考虑这些因素，谨慎为之。

(二) 谦抑干预的基本内涵

刑法和中央规制都具有干预的性质，前者干预社会，预防和控制犯罪；后者干预地方财政，保障纳税人权益和实现纳税人基本权利。并且，两者都以处罚作为后盾，使二者在某些方面具有相通性，尤其是理念上，都要保持谦抑性。"刑法的谦抑性是指刑法应依据一定的规则控制处罚范围与处罚程度，即凡是适用其他法律足以抑止某种违法行为、足以保护合法权益时，就不要将其规定为犯罪；凡是适用较轻的制裁方法足以抑止某种犯罪行为、足以保护合法权益时，就不要规定较重的制裁方法。"① 换言之，"'刑法之谦抑性主义'，就是刑法不应将一切违法行为都当作处罚对象，仅应以具有刑罚必要性，始有其适用之原则"②。"若刑罚以外，尚有其他可以有效防制不法行为的社会控制手段时，应避免使用刑罚，因为刑法具有最后手段性，只有在其他法律效果皆未能有效防制不法行为时，才使用刑罚。"③ 总之，"立法者应当力求以最小的支出——少用甚至不用刑罚（而用其他刑罚替代措施），获取最大的社会效益——有效地预防和控制犯罪"④。

谦抑性因在刑法中广泛适用而被人们熟知。但其并不是刑法特有概念，不仅对干预社会的刑法适用，其同样适用于具有干预性质的中央规制，形成谦抑干预。谦抑干预的基本内涵在于，将中央干预以一种克制和谦逊的方式嵌入地方财政运行和自我规制失灵当中：首先，在地方财政运行良好的情势中不应当进行中央干预；其次，在地方财政运行出现问题且地方自我规制系统失灵的情势中，中央干预方能进行；再次，在地方自我规制系统可以发挥作用使地方财政能够有效运转或持续改善的情势中，中央干预应及时退出或相应限缩其强度；最后，在既有经验和理性无法判断地方财政运转是否良好，地方自我规制是否失灵时，应假

---

① 张明楷：《论刑法的谦抑性》，《法商研究》1994年第4期。
② 陈子平：《刑法总论》，中国人民大学出版社2008年版，第10页。
③ 张丽卿：《刑法总则理论与运用》，五南图书出版股份有限公司2015年版，第26页。
④ 陈兴良：《本体刑法学》，中国人民大学出版社2011年版，第60页。

设地方财政运转良好，地方自我规制尚未失灵，暂不进行中央干预。①

谦抑性具体表现为限缩性、补充性、经济性和宽容性，这些具体方面使得谦抑干预的内涵更加丰富和明晰。限缩性，意在表明中央规制不企求囊括一切地方财政行为或地方财政之每一部分，仅限于维持正常地方财政秩序所必要且最小限度之领域。并且伴随着经济社会和地方民主的发展，进一步限缩。如计划经济时期，地方政府所有的财政支出都需要中央政府计划安排和层层审批。进入市场经济时期，预算由地方自主编制，中央政府只需提供相应的制度环境，设定基本原则和技术标准，其审议交由地方人大进行。补充性，是指中央规制只有在地方财政运行存在问题且自我规制失灵的情况下才能介入，处于补充性地位。除此之外，如若采取中央规制，则有过度干预的嫌疑，需要更加严格地对这些措施进行评估。经济性是基于成本收益的分析，意味着以较少的中央规制资源获得较大的规制效果，即中央政府以最小的支出——少用规制手段，获得最大的社会福祉——地方财政的有效运转，纳税人权益获得保障和基本权利有效实现。宽容性的含义在于对地方轻微的财政违法行为，且对纳税人权益不构成严重侵害的，可以采取整改等方式督促其改正，并可以免于处罚，以免过度伤害地方财政治理的积极性。

（三）谦抑干预与地方积极性发挥的耦合

我国《宪法》第3条第4款要求充分发挥地方的积极性，这是宪法的重要原则，具有根本法的效力。而地方积极性的发挥须具备一定的客观条件，在财政领域具体表现为对地方财政的自主治理、自我约束、自我负责等。如果不具备如此之条件，地方积极性的发挥只能是空谈和妄想。自主治理侧重于地方财政的自我管理，强调辖区内纳税人的积极参与；自我约束，注重的是对地方财政的自我规制，即自律，主要是辖区内纳税人通过诸多途径对其进行约束；自我负责，既包括辖区内全体纳税人共享发展的成果，也包括共同承担不利的后果。以此为基础，地方政府将被打造成相对独立的财政主体。当然，这些客观条件具备的前提

---

① 刘大洪、段宏磊：《谦抑性视野中经济法理论体系的重构》，《法商研究》2014年第6期。

是地方政府享有一定的财政自主权。"职是,基于现代国家的计划经济与福利政策的扩大化及复杂化,中央行政机关虽具有以新中央集权之姿态来指挥与监督地方的正当性,然此导致国家行政体系渐形肥大化与僵硬化,而地方自主性与地域个体性迅速萎缩。"① 为保障地方财政自主权不被过度干涉,促使中央规制权的正当和合法行使,涉及地方财政的立法、执法、司法应当遵循一定原则,如法定原则、正当程序原则、比例原则、公正、透明原则等等。这些原则具有抑制中央规制权滥用和异化的功效,保持了中央规制的谦抑性。

而从国家统一、市场统一、基本公共服务均等化等中央政府自身职责和防止地方财政权力滥用和异化角度,又需要中央统一领导。中央统一领导意味着中央政府对地方财政的干预,而地方积极性的发挥要求中央权力保持谦抑,两者的最佳结合就是谦抑干预。干预是对于中央统一领导的肯认,谦抑是对于地方财政自主权的尊重。由此来看,谦抑干预调和了中央统一领导和地方积极性发挥之间的矛盾,是两者深度融合的结果。

三 中央介入的核心场域:权限不当和行为违法

"刑法范围的规制一般取决于其犯罪化的客观性、刑事处罚的必要性和可行性,即只有当某行为在客观上值得刑法处罚,而且适用刑罚方法惩治该危害行为具有现实可能性和实际操作性时才值得发动刑法。"② 其与中央规制而言,只有存在地方政府财政权限不当、地方财政行为合法性不能确保和有违公益以及各地发展的不均衡妨碍了纳税人基本权利实现等客观情形,而且规制具有现实可行性和实际操作性,方可启动中央规制。

地方财政权限不当,主要是指地方政府的财政权力过度膨胀或萎缩,其大小不能适应经济社会的发展,不利于甚至阻碍纳税人权益的保

---

① 陈建仁:《从中央支配到地方自主——日本地方分权改革的轨迹与省思》,Airiti Press Inc 2011 年版,第 59 页。
② 熊永明:《论刑法谦抑性与和谐社会理论的契合》,《社会科学辑刊》2008 年第 4 期。

障和基本权利的实现。此种情况下，需要对地方的财政权限作出相应调整，调适至合理状态。例如，20世纪70年代末期到90年代初期，我国采用的是财政包干制度，财权财力逐步向地方倾斜。"这种'一揽子'包干实际上赋予了地方政府相对稳定的配置物资、管理企业的权限，地方政府开始逐步变成有明确的利益和主体意识的单位，而不再是被'条条'系统不断分割的、相对零散的'块块'。"① 但也使得地方政府财政权限过大，诱发了严重的地方保护主义，并且滥征乱收现象普遍存在。所以，才有了1994年的分税制，调整央地财政权限。再者，由于我国幅员辽阔，各地政治、经济、文化存在较大差异，各地的发展呈现不均衡状态。由此带来了各地基本公共服务提供的巨大差距，城乡间、区域间教育、医疗等基本公共服务严重不均衡。如果不及时矫正这种状况，不仅纳税人的基本权利不能够获得有效实现，违背了平等原则，而且这种不均衡可能会进一步加剧，反过来影响该地区经济社会的发展。如此相互影响，很容易形成恶性循环。面对此种情况，需要采取措施及时矫正，中央政府具有介入的必要性。

与纳税人利益关系更为紧密的，当属地方政府的财政行为，关涉纳税人生活的方方面面。在财政治理的实践中，地方政府违法和违背公益的财政行为以不同的样态表现出来。例如，乱征税和滥收费；将财政资金大量投向"短平快"和容易出政绩的项目，忽视公共产品的提供；兴建办公楼以及"三公经费"过高等，财政资金浪费严重；将大量经营性国有资产投向竞争性领域，与民争利等。对于地方政府的这些行为需要通过一定的机制和手段及时发现并有效处理，以切实保障纳税人的权益。

四 中央干预的基本定位：补充性规制

"强有力的中央权威是必要的，不仅是国家主权和统一的象征，更重要的是，统一性是公共服务均等化的保障。但同时，自主且具备相应

---

① 周飞舟：《以利为利——财政关系与地方政府行为》，上海三联书店2012年版，第34—35页。

能力，地方政府不仅可以更好地满足地方多样化的公共服务需求，还可以增强国家的基础性权力从而提升整个国家的治理能力。放在当下的现实语境中，在处理统一与自主的关系中，应当重点强调地方政府角色的明确化、独立性以及相应的法律保障，为此，需要以治理的地方化和辅助性原则为切入点，对地方政府的角色、功能进行反思和优化。"① 并不是一出现地方财政权限不当的情形，中央政府就立即调整；也并不是地方政府所有财政违法和违背公益的行为，都需要中央规制机关介入。中央干预应当保持谦抑性，遵循补充性规制的基本定位。补充性规制的基本定位具体表现为两个方面：谨慎介入和有序退出。第一，中央权力对于地方财政治理应当谨慎介入，恪守从自律到他律的基本顺序。只有在地方内部无法对地方财政形成有效规制，单纯依靠地方自我规制体系不能解决地方财政权限不当的不利影响、有效处置地方政府财政违法和违背公益的行为，中央规制才有介入的可能。第二，中央规制应当有序退出对地方财政事务，尤其是具体财政事务的管控。随着经济社会的发展和纳税人权利意识的觉醒，地方自我规制体系逐步完善，其自身可对财政的某些方面进行有效规制，中央政府应当逐步从这些领域退出。

在央地财政权限配置适当、地方政府正当和有效行使财政权力、地方财政治理良好的情况下，不论是地方规制机关，还是中央规制机关都不应当介入。在地方政府不能有效行使财政权力或出现各种财政违法及不正当情形时，首先由地方规制机关介入。如果能够通过地方财政权力内部的优化组合，在制度框架内对财政权力合理地进行自我限缩或扩张，达到改变地方财政权力过度膨胀或萎缩的效果，使地方政府的财政权限适应经济社会发展，中央规制机关实无介入的必要。只有在地方内部无力改变的情况下，中央政府才能对其财政权限调整，并且采用法治手段。对于基本公共服务不均衡的状态，如果地方政府能够通过自身发展解决，应当优先由其解决，无力解决的再由中央政府进行矫正。另外，基于地方政府比较熟悉地方财政事务、地方政府决定的背景以及可

---

① 胡萧力：《财政分权与我国地方政府角色的再认识——地方化与辅助性原则的视角》，《东方法学》2017年第5期。

就近立即排除财政违法行为的观点,若法律规定先采取地方内部规制时,则必须先耗尽此项可能性。即使法律未为规定,中央规制机关亦必须审查,是否现存的地方内部规制未被充分利用或采取地方内部规制与外部的中央规制何者较为妥适。仅在地方内部规制机制不足以排除财政违法状态或现实上有窒碍难行之事由时,中央规制机关才可以补充性地加以介入。① 此种理念已经成为法国宪法的基本原则。"2003年法国通过了《关于共和国地方分权化组织法》的宪法修正案,确定法国为'地方分权'国家,即'单一制分权'国家。只有在领土单位的层面无法最优实现的事项,才涉及国家权力的介入,修改后的宪法将领土单位的财政自治上升为宪法原则。"②

补充性规制的基本定位,是辅助性原则的延伸。"作为一种政治权力划分的思想,辅助性原则可以追溯至柏拉图、亚里士多德、阿奎那、蒲鲁东与托克维尔的政治哲学。然而作为一种明确表述的政治、哲学原则,它产生于18世纪中叶。"③ 这说明辅助性原则具有渊源的历史,而且其是支撑欧盟和其他一些国家运转的基本原则。《欧洲地方自治宪章》第4条第3款更是明确规定:"公共事务,由距市民最近之地方自治团体优先处理。若拟划分给其他地方自治团体处理者,应考量事务之范围、性质及效率及经济之要素。"对于央地关系的处理而言,辅助性原则要求地方政府能够解决的优先由地方政府解决,只有地方无力解决的才由中央政府采取措施。具体到中央对地方财政的规制,优先由地方内部规制系统对地方政府的财政权力和行为进行调控。在地方内部规制系统失灵的情况下,才导入中央规制。中央政府应当严格遵循此种顺位,否则构成不当干预。这种顺位的安排,是因为和切身利益息息相关才能使得纳税人具有真切的现实感,"国内外事务中的大多数问题与大多数

---

① 参见萧文生《国家·地方自治·行政秩序》,元照出版有限公司2009年版,第67页。
② 汪锦军:《政府责任、合作提供与混合竞争:现代公共服务体系构建中的组织与机制》,中国社会科学出版社2015年版,第41页。
③ 王欢欢:《欧盟环境法中的辅助性原则》,《法学评论》2009年第5期。

人民的生活是如此遥远，以至于他们很难有'一种现实感'"①。纳税人关注和参与更多的是基层的财政治理，由其自我治理、自我约束、自我负责，才能使其积极参与其中。以地方财政的自主治理为突破口，让纳税人广泛地参与到地方治理中去，可以更好地提升地方民主，形成更加负责的地方政府。这些内容的实现有赖于我国财政规制模式的转变，从"单线对上"到"集分模式"过渡（见图4-2），进一步完善地方内部规制体系，充分利用地方自身的规制资源，如地方议会、纳税人、地方媒体等。另外，中央政府还要谨慎使用政策调控，充分考虑地方政府的财政能力。这是因为中央政策会对地方财政产生较大影响。例如，在美国，其联邦政策的调整，如所得税政策的调整会影响州与联邦所得税关联的收入，其修订和新的解决问题的指令，如关于水和空气质量的，会压缩州和地方财政自主的空间。②

但补充性规制的基本定位并不是迫使中央政府在地方财政治理中完全处于消极不作为的状态，而是中央政府逐步减少对地方具体财政事务的管控，增强其对地方财政的宏观调控能力和对重点领域的掌控，有力地推动基本公共服务均等化，从整体上提高纳税人的公共福祉。随着经济社会和地方民主的不断发展，纳税人运用权力来制约地方财政的能力不断提高，地方自我规制的范围将不断扩大。中央可规制的空间和力度应当随之逐步减弱，直至退出某些规制领域完全交由地方管控。

五　适度规制的关键标尺：比例原则

通说认为，比例原则滥觞于德国19世纪的警察法时代，在以控制"干涉行政"为重任的近代行政法理论中，当时的比例原则实指必要性原则。③演变至今已经成为大陆法系公法的皇冠原则，最为核心的实体审查标准。对于具有干预性质的中央规制，比例原则同样适用。为避免

---

① ［英］戴维·赫尔德：《民主的模式》，燕继荣等译，中央编译出版社2004年版，第228页。

② See Sally Wallace, *State and Local Fiscal Policy* (*Introduction and Overview*), Gloucestershire: Edward Elgar Publishing Limited, 2010, p. 3.

③ 参见陈新民《中国行政法学原理》，中国政法大学出版社2002年版，第43页。

模式一:"单线对上"模式

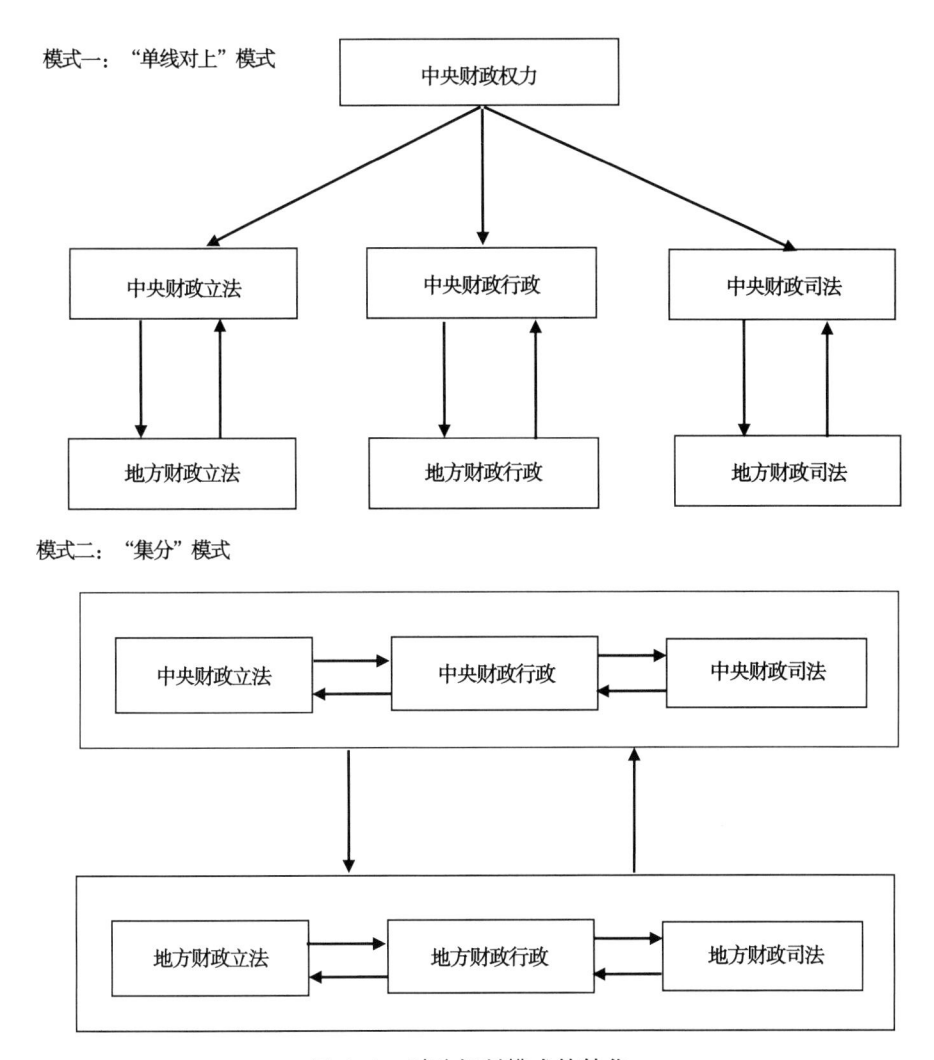

```
                    中央财政权力
                   /     |      \
            中央财政立法  中央财政行政  中央财政司法
               ↕           ↕           ↕
            地方财政立法  地方财政行政  地方财政司法
```

模式二:"集分"模式

```
  中央财政立法 ⇄ 中央财政行政 ⇄ 中央财政司法
                    ↕
  地方财政立法 ⇄ 地方财政行政 ⇄ 地方财政司法
```

图 4-2 财政规制模式的转化

资料来源:王允斌主编:《民族自治地方社会和谐法治保障若干问题研究》,中国社会科学出版社 2012 年版,第 286—287 页。笔者在此基础上进行了一定的改动,而且笔者并不认同司法权也包含于地方财政自主权范围内,但为了完整展现权力的配置情况,并未舍弃司法权。

对地方财政自主权的过度妨害,在中央规制地方财政的过程中,规制权需谨慎使用,防止其滥用和异化。还需要平衡中央和地方利益、节约中央规制成本。而比例原则恰有控权和利益衡量的双重功效，是适用于中央规制地方财政的天然工具，能够而且应当在这一过程中发挥重要作用。相比一般规范对中央规制的约束，比例原则提出了更高的要求，对规制权的控制更加严格。并且，在纠偏地方财政行为和矫正不均衡状况以及审核、审批地方财政事项等过程中，比例原则要求针对个案情况具体分析，进行法益衡量，扣紧个案而为。同等情况同等对待，不同情况不同对待。允许差别待遇，但是这种差别待遇必须是合理的，要以比例原则为判断标准。因此，通过对比例原则的适用，可以实现个案正义。个案正义的体现也说明了对地方政府权益的实质保障，从而体现了实质正义。还可以通过成本效益的分析，提高规制效果的可得性。[①] 需要进一步考虑的是，当国家整体利益的追求与地方利益的保护呈现对立时，为了整体利益的追求，于事理上承认地方的财政权限应受限制是正当的。然而，亦执着于此种自主权之侵害或限制不可漫无边际，应以该被认可国家整体利益之达成所必要为限。[②]

广义的比例原则由正当性、必要性和均衡性三个具体的原则组成，正当性要求规制机制和手段有助于目的的实现；必要性是在中央规制必须介入的情况下，考虑选取对地方财政干预最小的规制机制和手段，即如果还有对地方政府利益限制更小的可替代措施，政府就不应采取现有的措施来实现既定的合法目的；均衡性在于对中央规制的成本和效益进行衡量，并平衡中央和地方利益。中央规制的根本目的是保障纳税人权益和实现纳税人基本权利。在选择规制机制和手段时，首先要考察的是这些机制和手段是否有助于这一目的的实现。在中央规制中，许多机制和手段仅具技术特性，无法通过其表征判断其是否有助于目的的实现。只能在具体运用中加以辨别，对于此类，只要其不阻碍根本目的的实现，就可以进入必要性的审查。在必要性审查阶段中，特别要注意的是，各

---

① 参见姜昕《比例原则研究——一个宪政的视角》，法律出版社 2008 年版，第 187—189 页。

② 参见陈恩仪《论行政法上公益原则》，载城仲模《行政法之一般法律原则》（二），三民书局股份有限公司 1999 年版，第 176 页。

规制机制的主要功能不同，各自有着相对独立的价值。虽然各机制之间在功能上具有一定程度的互补性，但任何一种机制都无法完全取代另一种机制，仅具有部分可替代性。例如，能采用引导机制的就可以不用约束机制，但其中任何机制都又无法完全取代约束机制。必要性审查的结果只能是以某种机制为主，其他机制为辅，不可能过滤掉任何一个机制。而在同一机制内部不同规制手段之间，由于各手段功能相同或相近。它们之间具有完全替代性，在选择时要考虑对地方财政损害较小的手段。比如，在发现机制中，能够通过信息公开制度完成的，就可以不用财政检查等手段。对于通过必要性审查的机制和手段，再对其进行均衡性审查。在这一阶段，主要是成本和效益的衡量。中央规制的成本主要包括搜集信息、规制手段成本、中央政府组织和设施的成本、规制运行的成本以及消除旧制度的费用、消除变革阻力的费用、制度变革以及制度变迁形成的损失等。[①] 效益可分为宏观效益和微观效益，宏观效益是国家的整体利益获得了提升，微观效益是通过对地方保护主义的破除和对纳税人利益的保护等，受此影响的地方政府和纳税人的权益得到保障。因此，要充分认识到规制机制和手段的工具性，衡量工具优劣一个重要的指标就是所耗费规制资源的多少。在同样能达成规制目的而且其他方面相差无几的情况下，应当选择规制成本较低的；或者是使用相同规制资源，选择规制效益较大的。

六　中央规制的程序控制

正当程序的实质在于通过程序控制中央政府的规制权，防止其恣意行使，确保规制行为的合法与正当，以其特有的功能弥补实体规则对中央权力限制的不足，保障地方政府和纳税人的正当权益。美国前联邦最高法院大法官道格拉斯曾说过："权利法案中的大多数条款都是关于程序的规定，这并不是没有任何意义的，正是程序正义决定了法治与恣意

[①] 参见许玉镇《比例原则的法理研究》，中国社会科学出版社 2009 年版，第 182—185 页。

的人治之间的主要区别。"① "正当法律程序不是一种可遵守、可违反的'软法',而是必须遵守的'硬法'。"② 程序一旦设定,它就以严格的条文形式要求所有参与行动者都必须按照此规定的步骤行动,不得有违。这种规范的程序可以克服中央政府的随意性,特别是防止中央政府滥用规制权或越俎代庖。这种程序的规范性有利于保障地方政府和纳税人的权益,促使规制活动正常有序进行,③ 为适度集权模式的运行提供程序保障。

(一)规制影响评估制度

规制影响评估制度是减少过度干预、控制改革风险的重要工具。在对地方财政采取规制措施之前,中央政府应当充分评估规制手段对地方财政正常秩序和实质走向等各方面的影响,预判其中的利弊和对地方财政的影响程度,并且采取各种措施将不利影响降到最低,这是中央政府应尽的义务和责任。规制影响评估制度不仅适用于立法、规划等抽象性规制,建立相应的推演模型,预判实施效果;而且适用于具体规制,如约束机制中的审批制度,哪些地方财政项目需要中央政府审批,采用形式审还是实质审等,都需要相应的评估。要根据抽象规制和具体规制的不同特性,各种规制手段的具体情况设计影响评估制度的指标、程序和实施方式等。如果能够通过影响评估制度对规制手段影响地方财政和纳税人的程度等做出有效评估,当然甚佳。但有些规制制度的变革,由于缺乏具体实践的支撑和有效的推演方式,在一定时期内还不能有效评定该制度对地方财政和纳税人产生的影响。若不计后果的贸然实施,其风险不在可控范围内。所以,可以采用"试点"模式,有效控制改革带来的风险。以分税制和政府采购"试点"为例,1993 年财政部发布《财政部关于实行"分税制"财政体制试点办法》(〔1992〕财地字 63 号)一文,在特定地区对分税制进行"试点",在丰富实践的基础上于 1994 年在全国推广;而对于政府采购,1998 年上海市财政局按照国际政府

---

① Joint Arti-Fascist Refageo Comm. v. McGrath, 311U, S123, 179 (1951).
② 张彩凤:《英国法治研究》,中国人民公安大学出版社 2001 年版,第 270 页。
③ 参见赵振宇《程序的监督与监督的程序》,社会科学文献出版社 2008 年版,第 52 页。

采购规则，率先启动了全面政府采购的试点活动。从上海试点后，全国各地政府逐步推广政府采购。厦门市从1998年6月起进行政府采购试点，1999年，政府采购规模达8000多万元，节约资金800多万元，平均节约资金达10%以上。1999年，上海浦东新区正式设立了政府采购机构，有了完整概念的政府采购。当年政府采购额达3.57亿元，占上海市政府采购额的1/3，节约近4000万元采购资金，节约率达10%以上。[①] 当然，并不是所有的财税制度改革都要"试点"，只有那些对地方财政和纳税人可能产生重大影响而又无法在一定时期评估其效果的，才通过此种方式进行。而且"试点"必须依循法治路径，获得有权机关的批准，严格按照法定程序进行。

（二）地方利益表达制度

在中央规制中，要畅通地方政府利益和意见表达渠道，尊重和保障其正当权益。如果不建立合法的、公开的、正常的利益表达机制，那么地方利益就必然通过隐蔽的、非正常的甚至非法的渠道来表达，其结果，不仅容易损害其他地方的合法权益，导致地方与地方之间的不平等、不公正，也容易滋生腐败。[②] "完善地方利益的表达机制，实际上就是要建立相关机构和制度，理顺中央和地方的关系，扩大地方参与中央决策的途径，从而能够及时有效地反映地方利益。这种机制设计应满足法治、民主、平等和效率等价值。法治价值要求，地方利益表达应纳入法律框架下，按照法律规范来解决问题。民主价值要求地方有足够的参与决策权，有足够的途径和机会表达利益诉求，而非上级单方面决定。平等价值要求，不论大省小省、富省还是穷省，在参与中央决策的过程中应有平等的表达权，防止强者愈强、弱者愈弱的马太效应。"[③] 再者，无论是规制规则的制定，还是规制过程以及对地方政府的处理，都应给予地方政府充分参与的机会。中央立法、规划等涉及地方财政事项时，中央政府应当畅通地方政府表达意见的渠道，充分听取其意见。中央政

---

① 参见王文素主编《财政百年》，中国财政经济出版社2010年版，第194—195页。
② 参见吴振钧《权力监督与制衡》，中国人民大学出版社2008年版，第290页。
③ 陈国权：《权力制约监督论》，浙江大学出版社2013年版，第179页。

府在制定或修订相关法律法规时,若存在减少地方财政收入或增加支出的情形,应当事先筹划财源,并应赋予地方政府参与权。另外,不论是在确认地方政府财政行为是否违法,还是在针对地方财政违法行为进行处理,都应当给予地方政府充分申辩的机会,保障整个过程的客观性和处理结果的公正性。

(三) 说明理由和公开制度

说明理由制度意在保证中央规制权行使的谨慎性、提高规制行为的可接受程度。而公开制度在于建构透明的中央规制体系,与地方财政的透明化运行并存,致力于打造"阳光政府"。支撑中央规制行为合法性的主要是事实依据和法律依据。中央政府只有基于客观事实、在有法律依据的情况下,作出规制的行为才能合法有效。中央规制行为对地方财政产生影响,尤其是不利影响时,中央规制机关必须将这一个规制行为的合法性理由告知地方政府,以接受地方政府对于这一规制行为合法性的评判。[①]"因为给予决定理由是一个正常人的正义感所要求的。"[②] 要求中央规制机关给出决定的理由正是为满足地方政府对正义的需求。说明所有决定的事实结论和理由可以促使中央规制机关更加谨慎,带来了更为准确的事实结论、更好的推理、更正确的判断、更好的专断性以及决定的更高统一性。它还有助于当事地方政府和其他地方政府知道某个决定是为什么作出的,更好地计划未来财政行为。[③] 涉及地方财政的法律制度和重大政策的出台和调整,应当采取新闻发布会或其他形式,邀请地方政府和地方媒体参与,阐释其事实和宪法或法律依据等。例如,2014年8月预算法修正案通过以后,全国人大常委会立刻召开了专题新闻就相关问题进行了说明,并对相关提问给予了回应。当然,这只是对抽象性规制而言,而对于具体性规制,由于手段多种多样,情况不同,要求也就不完全一样了。但阐明客观事实,明确法律依据始终是必要

---

① 参见章剑生《行政行为说明理由判解》,武汉大学出版社2000年版,第47页。
② [英] 威廉·韦德:《行政法》,楚建译,中国大百科全书出版社1997年版,第193页。
③ 参见 [美] 迈克尔·D. 贝勒斯《程序正义——向个人的分配》,邓海平译,高等教育出版社2005年版,第96页。

的。比如，中央规制机关要求地方政府进行整改，其基于何种事实做出此种要求，作出这样的决定依据的是哪部法律的哪一条款，整改要达到什么样的效果等，这些都要明确说明。通过说明理由制度的不断完善，既能够使中央规制具有正当性，提高了中央权威，也使地方政府更容易接受，有利于规制效果的达成。再者，对地方财政要求其透明化运行，那么对其的介入也当公开透明，这样才能形成完整的政府财政公开体系，提高整个政府系统的透明度。而在财政治理的实践中，中央财税机关的有些规范性文件，一直被地方政府使用，但始终无法见到其真容，对此种情况应当杜绝。不论何种规制手段（除涉及国家秘密外）都应当公开。对于规制结果，尤其是对地方政府的奖惩更应该公开。从而实现中央规制全过程的公开，透明化运行。

第五章

中央规制工具配置的
效果评估和失效控制

中央规制工具完成选择和法律配置后，对地方财政的规制效果到底如何，应当进行相应的评估，这样才能了解情况、发现问题。对工具配置效果的评估，首先，要明确评估的目的，最为直接的是促进法律配置的进一步优化。其次，这种评估应当由何种主体来进行，是中央政府自身，还是中央政府和地方政府共同参与，抑或是独立第三方？再次，要明确评估应当采用指标包括哪些，最核心的指标是什么。另外，必须知晓评估的程序，评估一般包括评估准备阶段、实施阶段、形成评估结论、撰写评估报告阶段等环节。最后，通过"财税试点"等动态调整机制，对工具配置失效进行有效控制。

一 效果评估的目的

"任何评估活动，都是带着相关目的展开的。"[①] 目的对评估工作的开展具有指导作用，导引着评估工作的开展，也是评估指标设定的基础。当前，我国正朝着于公共财政的类型不断迈进，公共性是这一财政类型的核心要义，其要求财政治理应当以纳税人为中心，着眼于保障纳税人权益和实现纳税人基本权利。所以，整个中央规制应在此理念的指导下，设计和使用各种规制工具，使地方财政治理更好地服务于纳税人。对中央规制工具配置效果的评估必然围绕这一根本目的，并以此为导向。除了这一根本目的以外，对中央规制工具配置进行效果评估还有

---

① 徐家良：《政府评价论》，中国社会科学出版社2006年版，第13页。

最为直接的目的，从单个规制工具来讲，其和规制事项之间是否匹配，是否达到了当初预设的效果；从总体上看，不同规制工具的组合和整体工具的配置，本身是否合理，整体效果是否良好。第一种是对于单一工具或少数几个工具的效果评估，属于专项评估。第二种是对于一段时期内，多个规制工具组合使用和整体配置效果做一个总体的判断，以便对中央规制工具进行整体优化组合。通过评估，知晓其相应的效果，可以为中央规制工具选用和配置的调整提供重要依据，决定是否对相应的规制工具及其配置进行调整等。

二 效果评估的主体

中央政府和地方政府都处于规制关系中，一方是规制主体，另一方是被规制主体，中央规制工具配置的效果评估不论是由中央政府，还是地方政府负责展开，其均为利益相关者。这种注重内部评估的做法容易产生内在利益冲突问题，难以实现评估的客观中立，无法吸收多元化意见并积极采纳科学评估方式；吸收专家学者或者专业的第三方进入评估，会获得中立客观的评估结果。[①] 党的十八届四中全会通过的《中共中央关于全面推进依法治国若干重大问题的决定》就要求对部门间争议较大的重要立法事项，由决策机关引入第三方评估，充分听取各方意见，协调决定，不能久拖不决。虽该规定仅要求立法前引入第三方评估，但也说明了党和国家对第三方评估的重视，具有示范效应。将其延展到对立法后效果的评估以及其他项目的评估，更有利于发挥第三方评估的作用。例如，2009年，以西南政法大学、重庆大学、重庆市律师协会等机构人员为主的评估团队对重庆市地方性法规进行了包括实施效果在内的全面评估，收到良好效果。当然，选择第三方作为评估主体后，还要建立评估指导组，并使其能够参与所有阶段的工作，包括筹备

[①] 宗晖东、徐爱水：《略论第三方参与地方立法后评估的制度构建——基于甘肃省的理论实践考察》，《社科纵横》2018年第7期。

工作研究、咨询和评估报告起草工作等。① 这样才能保障评估工作的有序开展。

三　效果评估的指标

评估中央规制工具的配置是否达到了相应的效果，达到了什么程度，这些都需要设计相应的指标，才能进行客观有效的评估。对评估指标的选取应当遵循科学性、整体性、可行性、动态性、可比性和简洁性等原则。② 其中，最为关键和核心的指标是，通过中央规制工具的选用和组合配置，是否减少了地方财政异化行为，地方政府的财政治理是否得到了有效的改善、处于良性运行状态，纳税人权益是否真正得到了保障、基本权利是否得到了实现。

具体指标的设计可从中央规制工具配置对地方收入行为、地方支出行为和营运管理行为的影响着手。整个地方财政治理状况是否良好是总体性指标。具体来说，地方政府的收入行为，主要是地方政府滥收行为是否得到了抑制，辖区内纳税人的财政负担是否过重，地方政府的收入是否足以应对其支出等；地方政府的支出行为，其滥支行为是否得到了控制，绝大多数的财政资金是否都投向了民生领域，财政资金是否存在浪费等现象；地方政府的营运管理行为，主要测度地方政府是否将过多的财政资金投入竞争性领域，存在与民争利的行为，财政资金的使用是否有效率，等等。再者，与中央政府间的制度规避、制度套利和策略应对等行为以及与其他地方政府之间的不正当竞争是否得到了抑制。另外，对地方财政治理中存在的问题是否能够及时发现，并得以妥善处理以及纳税人的权益是否得到了有效保障等。

四　效果评估的程序

效果评估的程序一般包括评估准备、评估实施、形成评估结论和撰

---

① 《立法评估：评估什么和如何评估——美国、欧盟和OECD的法律法规和指引》，席涛等译，中国政法大学出版社2012年版，第78页。

② 陈磊、姚伟召、郭全魁、王秀华：《效能评估：理论、方法及应用》，北京邮电大学出版社2016年版，第16页。

写评估报告等环节。首先，评估准备，主要包项选择评估的主体、拟定评估方案、选择评估对象、明确评估指标。选择评估的主体，主要是确定由谁来进行此次评估，并形成评估报告。再者，如果搞清楚了一项评估的意图，并以书面文件的形式加以明确，那么就可以开始起草评估方案和评估设计。此外，还需要制订一个评估的实施计划，它包括时间进度、人员配置和成本核算等。评估方案是对评估目标和主要问题的具体化，主要包括对评估对象的描绘、对设定的评估目标和确定的任务进行表达、实施方式的确定、指定需要重点关注的利益相关者、确定结果的接收方、各个评价标准的具体化、一个能说明如何对问题进行经验处理的调查设计、方法的选择、对如何组织评估过程的描述等。[①] 其次，评估实施，主要是由评估主体通过各种途径（包括各种信息平台、实地调研等）收集涉及中央规制工具配置的相关信息，并对相关的信息进行整理分析，根据这些信息对规制工具的配置的情况进行大致的判断，形成中央规制工具配置情况的大致结论。最后，评估主体要撰写评估报告，其是评估工作小组在完成评估后，向评估组织机构提交的说明评估目的、评估程序、评估标准、评估意见、评估结论以及评估结果分析等基本情况的文本文件，也是评估工作最终完成的体现。[②] 评估报告必须要符合以下要求：第一，要有针对性。在于通过评估发现中央规制工具配置中存在的问题，提出改进意见与建议，进而提高中央规制质量，完善中央规制体系。这便决定了撰写评估报告应当具有强烈的针对性。第二，要具有实证性。评估报告并不是凭空产生的，而是以一定的社会事实为基础，因此"用事实说话"是评估报告的一大特点。撰写评估报告，必须坚持实证方法，详尽、系统、全面地占有材料，尤其是要掌握第一手材料。第三，要具有时效性。与调查报告一样，评估报告中所反映的都是现实社会生活中迫切需要解决的问题和中央规制工具配置是否

---

① 参见［德］赖因哈德·施托克曼、沃尔夫冈·梅耶《评估学》，唐以志译，人民出版社 2012 年版，第 210—211 页。

② 参见卓越《公共部门绩效评估》，中国人民大学出版社 2004 年版，第 83 页。

合理的问题,这就决定了评估报告必须具备时效性。①

五 工具配置失效的控制

基于纳税人需求和地方财政治理状况的变化,中央规制需要进行相应的调整,并不断变化规制工具的配置,以防止工具配置的失效,造成规制效果不佳。但与此同时,中央规制内容和方式的调整涉及纳税人的切身利益,并对地方财政治理产生较大影响,所以需谨慎为之,保持一定的稳定性。也就是说,中央规制同时面临动态性和稳定性的需求,必须调和两者的关系。而以"财税试点"为中心的动态调整机制恰好能够同时满足两者的要求,既能够及时应对变化,又不会对整个央地财政产生过大影响,可以实现对工具失效的控制。

(一) 中央规制的动态性

中央规制具有动态性,在对其调试的过程中不断寻找最为合适的状态,只有进行时,没有完成时。并且不同国家不同历史时期,其中央规制具有不同的内涵和外延,并且要契合当时的国家战略,培育适格的国家能力(见表5-1)。所以,地方财政权限只能阶段性的。其是否合理,应当结合当时的历史背景进行评判。以我国1994年分税制改革为例,其是国际复杂局势和国内问题共同作用的结果。1994年距东欧剧变、苏联解体发生不久,余震尚未消除,为防止相同情形的出现,中央必须集中包括财权在内各项权力,以保障其拥有足够权威。而在国内,财政包干体制存在种种弊端,诱发了严重的地方保护主义等,影响了经济社会的发展。此时我国推行分税制合乎时宜,综合考虑了国际环境和国内问题。再者,纳税人基本权利保障情况的变化带来对地方治理变化的需要,中央规制能力的高低影响地方政府可拥有财权的多少。如果地方政府滥用某项财政权力的情况比较普遍,严重损害了纳税人权益,而地方内部规制和中央规制均失灵的情况下,中央政府应当及时收回相应的权力。随着经济社会的发展,中央规制能力得以提高、规制手段不断革

---

① 参见江国华、李江峰《法律制度实施效果评估程序》,《贵州民族大学学报》(哲学社会科学版) 2018年第2期。

新,地方政府行使该项财政权力更具效率,更有利于纳税人权益的实现,则应及时调整相应的权限,充分发挥地方的积极性。"在一个多级政府框架下,道德风险问题始终是地方财政治理面临的主要挑战——其往往是地方政府机会主义行为、地方财政困境乃至地方财政不可持续的重要根源。特别是,就中国当前情况来看,地方税收自主权较小、对转移支付依赖性较严重,道德风险问题愈发突出。今后在完善地方财政治理体系中,不能仅从提高地方政府可支配财力的角度考虑问题,而应将增强地方政府财政自给能力和主体能动性作为立足点和根本目标,以有效规避地方道德风险问题。"[①]

表5-1 政府间财政关系与国家发展战略、国家能力的对应关系

发展阶段	国家发展战略目标	政府作用	国家能力展现	
			市场增进能力	控制动员能力
统收统支	重工业发展	中央政府	无	以中央政府控制动员能力推动重工业优先发展战略
		地方政府	无	两次放权导致经济秩序紊乱
分灶吃饭	经济增长	中央政府	中央政府宏观调控作用未充分发挥,市场分割严重	中央政府控制能力下降
		地方政府	地方政府参加地区"市场创造",积极推动局部市场发展	地方政府控制动员辖区资源能力上升
分税制前期	经济社会协调发展	中央政府	推动统一市场建设	两个比重上升,宏观调控能力增强
		地方政府	激发地方政府市场创造能力	事权下放增强地方政府控制动员能力
十八大之后	建设社会主义现代化强国	中央政府	进一步推动统一市场建设	通过事权和转移支付改革,进一步提高组织能力
		地方政府	简政放权让位于市场	通过地方税和事权改革,推动辖区公共治理

资料来源:吕冰洋、台航:《国家能力与政府间财政关系》,《政治学研究》2019年第3期。

[①] 刘勇政、贾俊雪、丁思莹:《地方财政治理:授人以鱼还是授人以渔——基于省直管县财政体制改革研究》,《中国社会科学》2019年第7期。

其实，当今一些国家表现出财政集权的特点，但在历史上长期是以财政分权为特征的。法国常常被视为财政集权的国家，但是在法国大革命之前，它远不是一个中央集权的国家。日本名义上是单一制国家，但地方自治特征也特别明显，这主要是第二次世界大战之后受美国的影响所致。美国是联邦制国家，但自大萧条之后，联邦财政的集权程度总体上在不断提高，当然其中又有反复，例如1996年社会福利改革赋予了州政府更多的责任。这些史实表明，不能静态地看待央地财政关系的处理问题。动态分析市场经济国家中央和地方财政关系并剖析其中的制度变化逻辑机理可能对中国更有用。人口、土地、各地经济社会发展的差距等因素，让当下中国中央和地方财政关系的处理，比任何一个国家都可能要复杂得多。从可操作性的角度出发，不在财政集权与分权内兜圈，而是根据中国实际情况，选择适宜的具体制度，才可能为规范央地财政关系找到出路。① 这些说明了中央规制的动态性。

(二) 中央规制的稳定性

中央规制的稳定性是维持地方财政治理有效运转的前提。中央规制的调整涉及利益广泛而且影响深远，其细微的变动常常被视为一项重大的社会改革，引发纳税人极大的关注。这种调整不仅关涉央地之间财政利益的分配，影响地方政府的财政治理能力，作用于地方治理；更与纳税人的切身利益息息相关，影响纳税人参与财政治理的方式和程度以及财产权受限制的方式等。其中，维持中央规制稳定的关键在于对中央规制进行法治化改造，进行相关立法。立法是一种事前监控方式，即最高权力机关以制定法律的方式对中央与地方的事权和财权予以明确规范，使各级政府对自己的财政行为及后果有一个稳定的预期。国家立法机关应及时总结实践经验，在趋于稳定的央地财政关系领域，修改旧法、颁布新法，稳步推进央地财政关系的规范化建设。② 党的十九大把"坚持全面依法治国"作为十四条新时代坚持和发展中国特色社会主义的基本

---

① 参见杨志勇《重新认识中央和地方财政关系》，《地方财政研究》2017年第10期。
② 参见朱丘祥《从行政分权到法律分权：转型时期调整垂直管理机关与地方政府关系的法治对策研究》，中国政法大学出版社2013年版，第302页。

方略之一。党的十八届四中全会提出，要"推进各级政府事权规范化、法律化，完善不同层级政府特别是中央和地方政府事权法律制度"。《国务院关于推进中央与地方财政事权和支出责任划分改革的指导意见》（国发〔2016〕49号）更是明确规定："要将中央与地方财政事权和支出责任划分基本规范以法律和行政法规的形式规定，将地方各级政府间的财政事权和支出责任划分相关制度以地方性法规、政府规章的形式规定，逐步实现政府间财政事权和支出责任划分法治化、规范化，让行政权力在法律和制度的框架内运行，加快推进依法治国、依法行政。"而且"实践证明，政府间财政分配关系的调整，特别是政府间事权和支出责任的划分应以法律保障为基础，否则高层级政府可以单方面改变低层级政府事权和支出责任配置，最终导致政府间支出责任层层下放，事权与支出责任脱节。因此，要进一步加强财政法制建设，尽快实现财税体制改革的法治化。根据我国的实际国情，可考虑制定政府间财政关系法，在法治基础上形成新型的权利义务关系，不断以法律形式将改革形成的中央与地方政府各自的权力范围、权力运作方式、利益配置结构等明确下来，形成中央与地方政府之间法定的权力利益关系，从而将央地财政关系纳入法制化轨道"[①]。

遵循"事权法定，以财行政"的现代财政原则，将政府间的财政事权和支出责任划分纳入法律界定层面，即由全国人大及其常委会尽快颁布实施《中央与地方事务划分法》，根据"事权和支出责任相适应"的原则，用列举法，由粗到细明确界定中央和地方各自的事权以及共担事权及其所匹配的支出范围：第一，中央政府的事权和支出责任主要是：管理全国性公共事务，如外交、国防、环保、跨地区贸易管理、宏观经济调控、全国性教育、文化、卫生、体育和社会保障等事业，所支出的费用由中央财政来承担。第二，地方政府的事权和支出责任主要是：管理与本地区经济与社会发展相关的公共事务和公益性事业，如地方文化、教育、卫生、科学事业、地方固定资产投资、各种区域性补贴和支

---

① 于长革：《改革转移支付重在调整央地关系》，《经济日报》2015年3月2日第009版。

农支出、维护地方治安等，所支出的费用由地方财政来承担。第三，对于涉及环境保护、交通等跨地区性的准全国性公共产品是中央政府与地方政府的共同职责，由中央和地方政府共同安排财政支出。第四，调节地区间和居民间的收入分配，在很大程度上是中央政府的职责，中央政府通过对地方的一般性转移支付来补助，同时提出具体的原则、标准或要求，委托授权地方政府具体实施。第五，至于"条块"关系的处理，应规范垂直管理部门和地方政府的关系，加大机构整合力度，解决中央和地方部门之间的职能交叉问题。第六，运用司法调整中央与地方之间的权限纠纷。[①] 央地事权财权法治化的目的与意义在于通过法律制度形式将中央和地方各级立法主体的事权范围、责任义务明确起来，在央地之间建立稳定的财政关系格局与财政行为预期，从而为形成一种权责明晰、权威高效、稳定有序的国家治理秩序奠定基础。我国近40年来的改革开放与国家治理的实践证明，在一个经济社会发展极不平衡的超大型国家，在当下中国社会日新月异、变革频繁的历史转型期，实现央地事权财权划分从行政化向法治化、从政策主导向法律主导的转变，是构建科学合理的央地关系的基本前提，也是国家治理走向现代化之必然趋势。[②]

另外，中央规制状况的形成是多种因素作用的结果，必须重视各个因素的不同影响，综合考虑。从整个政府间的关系来讲，"垂直府际关系涉及许多方面，其中最核心的就是央地财政关系改革，即中央和地方政府如何分配财政收入权力和支出责任。2016年8月，国务院印发《关于推进中央与地方财政事权和支出责任划分改革的指导意见》，提出要'科学合理划分中央与地方财政事权和支出责任，形成中央领导、合理授权、依法规范、运转高效的财政事权和支出责任划分模式。'十九大报告也同样指出，'要加快建立现代财政制度，建立权责清晰、财力

[①] 参见涂永珍《论美国财政联邦制的发展演变对我国构建和谐央地关系的启示——对十八届三中全会关于财政体制改革重要精神的解读》，《学习论坛》2014年第4期。

[②] 封丽霞：《中央与地方立法事权划分的理念、标准与中国实践——兼析我国央地立法事权法治化的基本思路》，《政治与法律》2017年第6期。

协调、区域均衡的中央和地方财政关系。'在十九大以后，垂直府际关系的调整将迎来绝佳的机会窗。与自上而下的赋权相匹配的是，需要推行财政、预算、人事、绩效管理、税收等一系列配套改革措施"①。我们更要看到，"未来的财政体制改革和现代国家治理体系构建不是一个单纯的财政问题，要在社会保障体系、教育体系、卫生医疗体系等方面加大改革力度，要把这些属于国家公共品领域的支出责任划分清楚，中央要承担中央的责任，地方要承担地方的责任。从国际经验来看，在这些公共品领域，未来中央应当承担更多的责任，当然中央也有能力承担更多的责任。要强化中央政府的财政担当，尽快确认和落实财政治理的主体责任。这对于解决一个老问题是有帮助的，就是中国在几十年中一直纠结的纵向的中央各部委的'条条'跟地方政府的'块块'之间的关系。中央各部委与各级政府各自履行什么样的公共服务职能要分清楚。这就要求处理好中央和省级政府垂直管理机构与地方政府的职责关系，以此为更好履行政府公共服务职能提供保障"②。因而，调整中央规制是一项系统性工程，需要其他改革配套进行，方能真正实现调整目的。否则，将影响调整的预期效果，甚至功亏一篑。财政改革应当择时而动，只有时机选择正确，各项条件基本具备的情况下，改革才会取得成功。不然，不仅会造成改革的失败，还可能会影响其他正在进行中的改革。再者，如果中央规制调整过于频繁，地方政府缺乏合理的预期，极易诱发机会主义，损及纳税人的权益。

（三）动态调整机制：财税"试点"

确定中央规制工具的配置是基于当时所处的阶段、国情和世情。一旦其中某一或某些因素发生了变化，导致其所依据的情势发生了变更，中央应当根据对情势的研判，对中央规制进行调整。其中最为核心的在央地财政权限的调整，影响中央规制工具配置的方方面面，既影响规制工具的选用，又影响规制工具的组合运用。但是，如果地方财政权限调

---

① 马亮：《自上而下赋权激活政府体制改革》，《新理财》2017年第11期。

② 王曙光、王丹莉：《财政体制变迁40年与现代化国家治理模式构建——从正确处理中央与地方关系的角度》，《长白学刊》2018年第5期。

整不当或滞后调整，不仅会损及经济社会的发展，也会影响纳税人的切身利益。所以，需要一种动态调整机制，既能够及时应对经济社会的变化，又能够最大限度地减少权限调整带来的巨大风险。在财税领域和其他领域都普遍存在的"试点"，以其灵活的特性和有效控制风险的功能，成为动态调整机制的不二之选。财税领域的"试点"，不只是一种财政政策实验的方法，更成为备受人们关注的社会现象。从1984年国务院制定各种条例（草案）试行，如：《增值税条例（草案）》《资源税条例（草案）》到上海、重庆的房产税立法"试点"，再到"营业税改增值税试点"和资源税"试点"，还包括各地自主进行的财税方面的各种"试点"。其中很多"试点"涉及央地财政权限的调整，如上海、重庆的房产税立法"试点"。虽然沪渝两地制定的相关规则遭受了合法性质疑，但这种中央授权，地方探索的方式，即中央进行框架性规定，地方政府在不违背中央制定的各项原则的情况下，进行相关的税收立法探索，不失为一种可供未来选择的方法。这一过程以"试点"为媒介，实现了中央和地方财政权限的调整。

  静态的央地财权划分是中央政府和地方政府正常运转的前提，而对于转型中的中国来说，动态的央地博弈，尤其是负载于"试点"之上的财政权力再次分配，实际上影响着央地关系的发展动向。不论是中央授权或批准的财税"试点"，还是地方自主的财税"试点"，都伴随着先行先试权的获得或自主空间的释放，不同程度地拓展了地方的财政自主权，前者通过授权拓展地方财政权力的谱系，后者借助自主探索释放地方财政治理的空间。不同类型的财税"试点"拓展地方财政自主空间、提高自主能力的方式并不尽相同，中央授权或批准的财税"试点"借助于权力移转和财力配给，提高地方财政治理的能力，扩展其治理空间；地方自发的财税"试点"则着眼其固有权力的正当和有效行使，释放自主发展的空间（见图5-1）。

  对于中央授权或批准的财税"试点"，其重要功能在于对地方还权赋能，即下放财政权力或归还财政权力，增强地方财政自主治理的能力，在不断探索中寻找央地之间财政权力的有效配置和制度的合理安排。与中央主导的财税"试点"相伴而生的是"先行先试"，"在中央

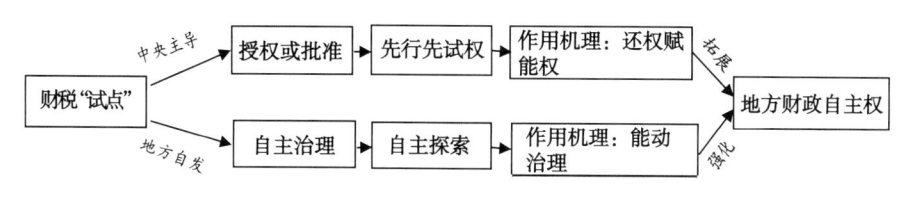

```
                  中央主导    ┌──────┐   ┌────────┐   ┌──────────┐  拓展
                      ──────→│授权或批准│──→│先行先试权│──→│作用机理:还权赋│────┐
              ┌──────┐       └──────┘   └────────┘   │能权      │    │   ┌────────┐
              │财税"试点"│                            └──────────┘    ├──→│地方财政自主权│
              └──────┘       ┌──────┐   ┌────────┐   ┌──────────┐    │   └────────┘
                      ──────→│自主治理│──→│自主探索│──→│作用机理:能动│────┘
                  地方自发    └──────┘   └────────┘   │治理      │  深化
                                                      └──────────┘
```

图 5-1　地方财政权限的动态调整机制

资料来源：笔者自行整理制作。

政府'先行先试'的授权之下，地方比以往有了更广阔的改革空间和探索、创新的自主权"①。改革开放以来，中央的主导下的各种财税"试点"（或称"试验"）遍地展开，不仅使得地方财政自主的空间大大扩大，而且地方财政治理的能力也有了显著提高。

以 2011 年上海和重庆的房产税立法"试点"为例，虽然存在着诸多不合法和不合理之处，备受人们质疑。但不可否认的是，上海市对本市居民家庭在本市新购且属于该居民家庭第二套及以上的住房和非本市居民家庭在本市新购的住房②和重庆市对个人拥有的独栋商品住宅、个人新购的高档住房，在重庆市同时无户籍、无企业、无工作的个人新购的第二套（含第二套）以上的普通住房征收房产税③，不仅税基不同，而且税率等各不相同。这种差异化的探索，使得两地取得了相当的财政自主权。再如，地方政府债券自发自还试点。经国务院批准，2014 年上海、浙江、广东、深圳、江苏、山东、北京、江西、宁夏、青岛试点地方政府债券自发自还，并且发布《2014 年地方政府债券自发自还试点办法》（财库〔2014〕57 号）指导地方开展此项工作。北京市 2014 年共发行自发自还的地方政府债券 105.0 亿元，期限为 5 年期、7 年期和 10 年期三种，分别为 42.0 亿元、31.5 亿元、31.5 亿元。通过这种方式，不仅在一定程度上扩大了地方的财政权限，而且增强了地方财政

---

① 王诚：《改革中的先行先试权研究》，法律出版社 2009 年版，第 124 页。
② 参见《上海市人民政府关于印发〈上海市开展对部分个人住房征收房产税试点的暂行办法〉的通知》（沪府发〔2011〕3 号）。
③ 《重庆市关于开展对部分个人住房征收房产税改革试点的暂行办法》（重庆市人民政府令第 247 号）。

治理的能力。

地方自发的财税"试点",其作用机理是能动治理。"治理的目的是在各种不同的制度关系中运用权力去引导、控制和规范公民的各种活动,最大限度地增进公共利益。"① "将治理聚焦于地方,不仅可以改变代议政治下仅有精英竞争而没有民众参与的常态,更可以缩短人民对政治的距离,透过意见交流和共同决策,实现修补现行代议民主体制的目的。"② "这种参与将使得他们成为某个版本的民主理论所珍视的积极公民,而不是遥远的中央政府的被动客体。"③ 简言之,地方财政自主治理的空间大小和能力关系着纳税人的切身利益。实践中,各地为谋求发展,多以财税"试点"名义进行各种自主探索,努力拓展其财政治理的空间,提高财政自主治理的能力。

例如,"考虑到地市县的多样性和复杂性,新疆维吾尔自治区采取了更为稳妥的办法推行包干体制,1985年在昌吉自治州和吐鲁番地区进行包干体制先行先试,其他地州市县仍继续执行1979年确定的'核定收支、总额计算、多余上交、不足补助'的办法。在总结试点经验的基础上,1986年在全区范围内实行'划分税种、核定收支、分级包干'体制"④。再如,1982年,辽宁省率先试点市管县财政管理体制的经验得到了党中央和国务院的充分肯定,并积极推广,同时发出了《关于改革地区体制,实行市管县的通知》。随后,全国进入了市管县财政体制改革的高潮。在此种情况下,浙江省依旧实施省管县财政体制。目前,除了浙江外,实行省管县财政体制的省份,大体可分为以下两种情况:第一种可以称为全面开花型,例如广东省。它以财政省管县为切入点,在经济管理权限、行政审批权限、社会事务管理权限甚至人事管理权限方面已经做了不同程度的探索。第二种可以称为单兵突进型,例如湖北

---

① 俞可平:《权利政治与公益政治》,社会科学文献出版社2000年版,第114页。

② 参见陈建仁《从中央支配到地方自主——日本地方分权改革的轨迹与省思》,Airiti Press Inc. 2011年版,第167页。

③ 陈永森:《告别臣民的尝试》,中国人民大学出版社2004年版,第219页。

④ 崔运政:《财政分权与完善地方财政体制研究》,中国社会科学出版社2012年版,第92页。

省、黑龙江省、山东省、河南省、江西省、安徽省、辽宁省等。它们在省内的部分地区选择若干试点，推行财政省管县改革。① 辽宁省市管县财政体制的试点、浙江省对省管县财政体制的坚持和各地样态各异的省管县试点，充分说明地方政府在财政管理制度方面享有较大的自主权。

---

① 参见钟晓敏、叶宁《中国地方财政体制改革研究》，中国财政经济出版社2010年版，第40—43页。